本书为云南省课程思政教学研究示范中心——云南艺术学院课程思政教学研究中心研究成果

新时代综合艺术院校课程思政教育教学创新与实践研究

杨 斌 著

新华出版社

图书在版编目（CIP）数据

新时代综合艺术院校课程思政教育教学创新与实践研究 / 杨斌著 . -- 北京：新华出版社，2024.4

ISBN 978-7-5166-7379-9

Ⅰ.①新… Ⅱ.①杨… Ⅲ.①高等学校 – 艺术学校 – 思想政治教育 – 教学研究 – 中国 Ⅳ.① G641

中国国家版本馆 CIP 数据核字 (2024) 第 082577 号

新时代综合艺术院校课程思政教育教学创新与实践研究

作　　者：杨　斌

责任编辑：唐波勇　　　　　　　　封面设计：优盛文化

出版发行：新华出版社

地　　址：北京石景山区京原路 8 号　　邮　　编：100040

网　　址：http://www.xinhuapub.com

经　　销：新华书店、新华出版社天猫旗舰店、京东旗舰店及各大网店

购书热线：010-63077122　　　　中国新闻书店购书热线：010-63072012

照　　排：优盛文化

印　　刷：河北万卷印刷有限公司

成品尺寸：170mm×240mm

印　　张：13.5　　　　　　　　　字　　数：206 千字

版　　次：2024 年 4 月第一版　　　印　　次：2024 年 4 月第一次印刷

书　　号：ISBN 978-7-5166-7379-9

定　　价：78.00 元

前　言

2020 年，教育部印发《高等学校课程思政建设指导纲要》，强调"让所有高校、所有教师、所有课程都承担好育人责任，守好一段渠、种好责任田，使各类课程与思政课程同向同行，将显性教育和隐性教育相统一，形成协同效应，构建全员全程全方位育人大格局"。随着课程思政建设在全国高校逐步走向深入，思想政治教育由思政课程"一木独支"的状况得到有效改善。当前，所有课程不断挖掘自身的育人资源，与思政课程有效协同，逐步形成显性教育与隐性教育结合的育人模式。

综合艺术院校是培养高水平艺术人才的专门院校。近年来，综合艺术院校认真贯彻立德树人的根本任务，落实党和国家关于开展课程思政建设决策部署，遵循"文艺培根铸魂"理念和艺术人才培养规律，努力将思政教育贯穿教育教学始终，构建全员全程全方位育人大格局，培养德智体美劳全面发展的社会主义建设者和接班人。站在艺术类专业课程的视角来看，推进课程思政建设，有利于艺术类专业教学的整体优化提高，也有利于学生树立正确的世界观、人生观和价值观，帮助学生塑造一个更加稳定且丰富的精神世界，以符合社会主义现代化建设对人才的需求。"德艺双馨"是社会对艺术人才的期许，综合艺术院校在推动课程思政建设的进程中，科学制定专业人才培养目标，聚焦艺术类专业课程特点，以课程为载体，将专业课程中的思政教育资源融入艺术专业教学，实现"育人"和"育才"相结合。与其他专业相比，艺术专业具有一定特殊性，因此在开展课程思政建设的过程中也形成了自身特点。

本书以新时代全国高校全面推进课程思政建设为背景，立足于综合艺术院校的特色，在现状分析的基础上，从课程建设、教材建设、师资队伍建设、保障机制的建立等方面提出了解决问题的路径。本书旨在对综合艺术院校开展课程思政建设的经验进行总结，以期为综合艺术院校的课程思政建设尽一点绵薄之力。本书在撰写过程中参考借鉴了相关专业、学者的研究成果，得到了云南艺术学院和兄弟院校很多老师的指导，在此表示真诚地感谢！由于笔者在该领域的研究水平有限，书中难免有欠妥之处，请广大读者批评指正！

目　录

第一章
新时代高校课程思政建设的时代背景

在全国高校思想政治工作会议上，习近平总书记关于思想政治工作贯穿于教育教学全过程的重要论述，为高校在新时代贯彻落实立德树人根本任务提供了根本遵循。高校在开展教育教学工作时，要推进各类课程与思政课程同向同行，形成协同效应。课程思政作为新时代背景下推进高校育人工作的新举措，要从历史的发展中认识其深刻意义。

第一节　世界格局发生深刻变化

进入 21 世纪，国际关系风云激荡，世界格局发生了深刻变化。2017 年 12 月 28 日，习近平总书记在接见驻外使节工作会议上提出"中国特色社会主义进入了新时代。做好新时代外交工作，首先要深刻领会党的十九大精神，正确认识当今时代潮流和国际大势。放眼世界，我们面对的是百年未有之大变局"。之后，习近平总书记在多个重要场合，强调了这一基于对当今世界全面深刻分析得出的重要论断。

一、二战以来的国际经济政治格局

第二次世界大战重塑了世界秩序。19 世纪 70 年代，产生于欧洲大陆的资本主义在经过几百年的发展扩张之后，以军事征服和经济掠夺为其重要手段，最终将整个世界都逐渐纳入它的制度范围。西欧成为世界的中心。一战结束后，英法等国不断向法西斯国家让步，不惜牺牲他国的利益来满足法西斯国家的要求，随着法西斯国家的欲望逐步膨胀，二战不可避免的爆发了。

（一）联合国的成立

经过全世界反法西斯人民的浴血奋战，1945 年 9 月，反法西斯同盟获得了胜利，宣布二战结束。欧洲中心主义已经面临失败和破产，一些欧洲的国家在 20 世纪二三十年代所竭力维护的世界霸权地位已不复存在。凡尔赛—华盛顿体系随之终结，世界权力的中心由欧洲大陆转移至美国，昔日的欧洲强国风光不再。二战给全世界人民带来了灾难性后果，就拿中国来说，中国军民伤亡 3 500 万人以上，其中军队伤亡 380 万人，占各国伤亡人数总和的三分之一。按照 1937 年比价，中国官方财产损失和战争消耗达 1 000 多亿美元，间接经济损失达 5 000 亿美元。①

经历了战争的苦痛，世界各国急需建立一种国际社会普遍认可，有利于维护国际和平的制度。于是，以中、英、美、苏、法为首的同盟国，基于雅尔塔会议协定，在 1945 年 10 月 24 日发起成立了联合国，五个国家同时成为联合国安理会的常任理事国，并担任至今。联合国是世界反法西斯战争的主要成果之一，《联合国宪章》所确立的原则也成为二战结束后各国之间处理国际关系的基本准则。联合国的成立，标志着一个新的国际秩序诞生。

这一国际秩序对于维护战后世界和平，促进全球经济社会发展发挥了重要的作用。联合国先后组织制定了多项涉及政治、经济、文化、教育等方面的国际条约，促进了各国的交流合作。联合国也为广大成员国提供了一个表达自身立场和观点的场所，联合国大会每年一度的联大会议已成为弘扬公平正义、抨击霸权主义重要场域。基于和平解决国际冲突、国家主权不可侵犯等世界各国所认可的国际准则，联合国安理会积极协调有关国家立场，综合考虑相关国家的意志，在维护世界和平、促进合作发展、调停国际冲突等方面做出了重要贡献。但联合国有时也会在一些事项上议而不决，效率低下。

---

① 中共中央党史和文献研究院. 中国共产党一百年大事记 [N]. 人民日报,2021-06-28(1).

尽管如此，这一主要由战胜国发起建立的国际组织依然体现出了很大的历史进步性。

（二）两极力量的对立

美国与苏联结成的战时同盟的政治基础，在世界反法西斯战争取得胜利后开始发生变化，进入左右摇摆的状态，面对一些国际问题，两个国家之间产生许多不同的意见，因此造成了很多分歧。在第二次世界大战之后，国际上都是以军事力量来衡量每个国家综合实力。苏联虽然在经济发展层面上远远落后于美国，可在军事实力上与美国不相伯仲，也完全有能力与美国分庭抗礼，对战后的国际社会产生影响。杜鲁门担任美国总统后，于1947年实施"杜鲁门主义"和"马歇尔计划"，对苏联进行全方位的遏制。因此，苏联不得不采取相应的反制措施。

全球经济和政治的发展随即受到了这两个超级大国相互对抗的影响，全球经济政治格局便产生了重大变化。由于美国和苏联两个超级大国的对抗，一些国家也加入了社会主义和资本主义两个主要阵营。

美国是资本主义阵营的领导力量，二战后美国建立布雷顿森林体系实现美元霸权，并得到了世界主要资本和工业体系的继承，成了全球最大的经济大国。同时，随着美国经济的飞速发展，其在国际上的影响力也不断扩大，让一些国家对于美国的领导地位产生了担忧，同时也对美国的崛起表示敬佩。欧洲各同盟国国家在二战后陆续摆脱了德国法西斯的侵略，开始从废墟中重建。美国便利用马歇尔等计划把巨额资金用于欧洲的重建，欧洲随之在美国的扶持下逐渐崛起，已成为世界上最富裕的地区之一。日本在经历了战争的浩劫之后，开始了以出口为导向的经济增长，成了世界上最大的经济体之一。

而苏联在二战后兴建了苏联式经济体系，实行计划经济和集中管理，通过对于经济、财政等领域的掌控，形成了强大的经济实力，成为美国的竞争对手。中国也实行了类似的经济发展模式，通过国家对于工业化和现代化的推动，逐渐在社会主义阵营中壮大。另外，东欧国家也采取了类似的经济发展模式。

由于美国和苏联这两个国家都拥有一些接受其观点的盟友，因此，美国和苏联之间的冷战逐渐演变升级成为东西方各个国家之间的冷战。与此同时，第三世界中的很多国家也纷纷参与其中。

本应成为战后世界"主角"的联合国，却沦为冷战的"配角"。两大阵营的对抗和冲突也严重制约了联合国发挥作用的空间，美苏争霸更使联合国特别是安理会经常成为矛盾对抗的场所而不是合作的平台。

在冷战时期，资本主义阵营和社会主义阵营之间存在着激烈的经济竞争和贸易摩擦。双方互相制裁对方的产品，冷战的政治气氛进一步加剧了双方的经济紧张局势。此外，美国和苏联在全球各地进行了代理战争，造成了全球范围内的经济动荡，世界经济增长陷入停滞。

由于苏联的政治、经济已处于危机前的困境，在戈尔巴乔夫执政之后，他便对苏联的对外政策做了巨大调整，为了缓和两国的关系、寻求合作的机会。随后，美国将应对苏联的策略进行了改变，做了一定的调整。东欧形势在经历快速的变动之下，美国和苏联两国的领导人决定在马耳他进行见面，展开会晤，美苏双方都宣扬这次会晤标志着美苏两国之间不再进行冷战，冷战的情况就此结束。自从冷战结束后，美国确实成为所向无敌、无法与之抗衡的超级大国，它能够毫无顾虑与忌惮，更加自由地按照自己的意志随心所欲地塑造出它想要的国际现有体系，借助各种手段，如人道主义干预、扩大人民的民主权益、北约东扩、全球范围内的反恐战争等一系列重大方针举措部署，以此强化自己在国际上的主导地位，扩张美国的社会意识形态、现行政治制度及其所秉持的价值观，从而致使已经存在秩序的"自由主义"色彩愈发浓厚。

（三）殖民体系彻底瓦解

第二次工业革命后，处于上升阶段的西方资本主义列强向世界进行疯狂的殖民扩张，纷纷加入了对海外原料产地和市场的争夺。但经历了两次世界大战后，英法等老牌帝国主义国家受到了重创，严重地剥削了帝国主义的力量，为民族独立运动创建了十分有利的条件。提高殖民地和半殖民地人民在反法西斯斗争中的觉悟性，加强民众的民族民主意识，不断增强亚洲和非洲人民对民族解放运动的热情和势力，他们纷纷举起"民族自决"的旗帜发起了民族解放运动，帝国主义殖民体系不断瓦解。印度的独立给了大英帝国致命一击，越南、埃及都取得了对帝国主义战争的胜利，中东、非洲先后独立数十个国家，1990年非洲大陆最后一块殖民地纳米比亚的独立，标志着帝国主义殖民体系的最终瓦解。

很多国家，例如越南、缅甸、印度尼西亚、印度、斯里兰卡等，在20世纪四五十年代都开始逐渐宣布独立。但大多数非洲和美洲国家这时候处于尚未独立状态。真正使第三世界开展独立革命是发生在第二次世界大战之后，同时这次也同样延续了冷战时期的模式。在非洲，民族独立运动在1958年后成为现实。继两个非洲国家——1957年的加纳和1958年的几内亚诞生之后，非洲在20世纪60年代诞生了32个新国家。大洋洲和美洲的民族独立运动一直持续到20世纪70年代和80年代。即使在民族主义运动开展非常成功并且获得很大成功的亚洲地区，民族问题也尚未得到完全解决。例如，在万隆会议前夕召开的新德里亚洲国家会议上，参会国家要求世界关注"殖民主义和外国对其他国家内政的干涉"，在亚洲地区依然存在中国台湾、印度支那、朝鲜、果阿、西伊里安、冲绳和马来亚等问题。现在，第三世界国家，包括社会主义阵营中的中国和欧洲国家的前殖民地地区，都非常渴望建立一种共同意识。1944—1968年，亚洲和非洲殖民地、半殖民地实现独立的国家达63个之多，其中20世纪40年代12个（不含中国），50年代11个，60年代40个。[①]

由于各国对自己的发展实际、国际地位和国际局势的判断不断清晰，它们的自我意识也不断觉醒，思想逐渐变得独立，这也让传统的殖民体系开始走向瓦解，国际政治的等级结构逐渐消失，每个民族国家都被视为国际社会的平等成员，享有平等的权利和义务，国际统治也不再局限于之前的少数资本主义强国，资本主义强国的地位相较于之前被大大削弱。现在国家间处理

① 郝时远.20世纪三次民族主义浪潮评析［J］.世界民族，1996（3）:11.

交互关系的基础是民族平等和民族自决原则，这些原则也逐渐被更多国家认同和接受。

二、冷战后国际政治经济格局深度调整

在东欧剧变特别是苏联解体后，原有两极格局面临崩塌，冷战的情况不复出现。东西方阵营之间的敌对状态和格局有所缓和，和平与发展俨然成为当今时代的主旋律，全球经济政治格局进一步发生了变化，美国成为唯一的超级大国，"一超多强"的提法反映了当今国际政治格局的力量对比，就长远而言，多极化是国际政治格局的发展趋势。全球化趋势愈发明显，全球经济、政治和文化等方面的交流与合作日益增多，世界格局发生了深刻变革。新兴市场经济体和广大发展中国家经济蓬勃发展，而发达国家逐渐式微，形成了"南兴北衰""东升西降"的格局，对于美国来说，继续维护其单边主导的国际秩序已日渐吃力，国际秩序将进入新旧更替期。

（一）新兴国家和发展中国家逐渐崛起

21 世纪以来，新兴国家已成为当今全球经济中最具活力的行为体，不断发展成势不可挡的市场经济体，并日益被大众视为改变当前国际政治和经济格局的内生动力。20 世纪 90 年代，美国凭借其在科技领域的领先地位和以知识经济实现产业结构现代化升级的优势，在"新经济"领域实现了较快增长。全球化深入发展的趋势和新兴市场经济体的巨大市场潜力，使美国对外部经济（进出口等）的依赖性越来越强，尤其体现在新兴市场国家的贸易和金融投资方面。

以金砖国家为代表的新兴市场经济体经受住了金融危机的考验，保持了高度的经济活力，证明了自身的发展潜力，面对美国、日本和欧洲的经济困难，其在支持全球经济增长方面发挥了举足轻重的效力。目前，金砖国家已变成全球经济增长过程中的强劲拉手，不断推动世界经济迈向新台阶。放眼金砖国家自进入 21 世纪以来的发展情况，经济增速强劲。在 2000 年至 2010 年期间，发达国家整体经济增长率为 2.6%，世界经济增长率为 4.1%，与此

相对比，金砖国家所展现出来的整体经济增长幅度远高于8%，很明显可以发现，金砖国家的经济发展遥遥领先。

它们对国际关系的影响也是逐渐清晰的——它们挑战了西方先进国家在全球经济中的主要领导权威与地位，迫使由西方国家主导的国际机制更快地改革和适应，并在很大程度上打击了部分西方国家在一些地区问题上的决策能力。

美国的主导地位决定了目前形式之下利益模式的主要特征。首先，美国承认建立和维护霸权是其首要利益和追求，谋求更高的经济和绝对安全利益，并将输出美国意识形态视为重要战略的利益来源之一。其次，美国会考虑每个国家与自身利益之间的兼容性，将各国对美国的支持程度、与美国的接近程度作为分配和调解国际利益的重要指标，同时，面对那些不支持甚至不承认这些利益的国家进行强烈抑制，持续压迫不支持它的国家，同时表示不承认甚至不尊重它们的合法利益。最后，美国通过在国际政治、经济和安全领域的一系列制度安排，制定议程并决定利益分配方式，这也就意味着大大限定了其他国家在这一安排中谋求眼前和长远利益的范围和手段。

发达国家的经济政策和危机管理方式愈发依赖新兴市场经济体之间的合作与支持，较长一段时间以来，全球经济的持续增长完全取决于新兴市场经济体的吸引力。反观所有事实依据不难发现，要想解决美国金融危机，古旧的大国团体的格局形式根本无法立足，难以真正解决问题。

（二）西方资本主义国家日渐式微

20世纪末期，西方国家主导的自由民主文化逐渐衰落。

美国、日本和欧盟等发达经济体因为金融危机受到重创。尽管各国政府都采取了积极的纠偏补救措施，但总体经济形势依然不容乐观。对目前的后危机时期而言，这些发达经济体的经济弱点在进一步加剧和升级，这给经济复苏带来很大压力和挑战，前景不容乐观。同时，一些大型投资银行和商业银行因为此次危机纷纷面临倒闭，债券市场和股票市场也开始动荡不安，金融机构数量面临急剧下降。基于此情况，政府做了很大程度上的努力，投入了大额度的救助资金，但是最后所取得的成效甚微。自 2010 年希腊主权债务问题浮出水面以来，爱尔兰、葡萄牙、西班牙、意大利等国家也相继陷入危机境况。日本经济一向疲软，2008 年的金融危机对其打击更是颠覆性的。在 2008 年和 2009 年这两年中，日本国内生产总值增长率分别为负 4.2% 和负 2.4%。

西方这么长时间以来，一直在世界上高举"自由"的旗帜，高喊着"民主"的宣言。但正是由于这种自由经济，直接引发了 21 世纪的金融危机。英国和美国两国政府在危机爆发后，依靠"国有化"的重大方略试图挽救资本主义的崩溃，同时也算是将"市场原教旨主义"带入终止的地步，自由经济不再被宣扬和追捧。随着科技进步和经济增长势头放缓，工业化和城市化停滞不前，物质财富包裹的精神越来越贫乏，西方文明的内在活力不断衰退，外在表现也日渐式微。新旧帝国主义由于长期沉溺于安逸享乐的状态中，加之债务负担不断加重等主客观因素，其不仅不具备，也没有想法发动大规模战争，在阿富汗战争和伊拉克战争中也可以发现，战争对科技进步和经济增长也无法发挥效力。新兴大国试图在西方主导的秩序中和平崛起，正迎合当今世界和平与发展两大主题。就当特朗普调整美国国家战略后，孤立主义、保护主义抬头，西方国家发现失去了美国这个自由主义的"老大哥"带头人，逐渐陷入慌乱和孤立无援的境地。许多欧洲人在发现英国宣布脱欧、恐怖主义肆虐、难民危机频发等事件严重冲击到欧洲社会秩序的和谐稳定后，逐渐开始陷入沉思，质疑自由主义的存在是否合理。不可否认的是——西方和平衰落的一个重要表现是去全球化的步伐日益加快，民族主义和新孤立主义盛行。美国虽然成为新一轮经济全球化的发起者，美国公司从全球化中获益最多，但是美国政府和公民却因此成了最大的输家，双方都陷入了无法摆脱的债务陷阱和泥沼中。

三、世界迎来百年未有之大变局

变局充满了挑战，也隐藏着机遇。谁能寻找到解决危机的方法和策略，谁能拨开变局中的迷雾，找到前进的路径，谁就能抓住机遇转危为机，应对变局。

（一）和平与发展的主题受到挑战

以美国为首的西方国家将新兴国家和平与发展的合理诉求视为威胁，不满于霸权主义受到挑战。美国为了维持"一超"霸主地位，包括英国、日本、加拿大、澳大利亚等世界上公认的发达国家，它们为了维护自身在经济全球化进程中的有利地位，占据那些既得利益，运用各种手段对发展中国家群体进行分化，开展一系列强制性打压行动，这些行动例如试图通过政治瓦解、依托经济进行诱惑、通过文化和价值观等意识形态进行思想方面的渗透，还包括恶意挑唆发展中国家间的关系等，目的就在于让发展中国家进行分化改组。更为严重的是，美国为达到自己的目的甚至不惜动用军事手段。金融危机于2008年开始席卷全球，西方政治文明受到很大冲击，以美国为代表的西方国家，一方面继续鼓吹自由、公平、正义，另一方面却设置了贸易保护主义的重重阵地，全面阻击发展中国家和新兴市场的公平挑战。其种种行径被广大发展中国家所诟病。

国际交往中的主权独立和身份平等的原则，被一些国家所破坏。西方资本主义国家、发达国家，特别是作为世界超级强国的美国，不甘于被新兴力量超越，在各个领域采取封锁遏制，企图迟滞新兴国家发展。作为社会主义国家的中国，被给予重点关注。为了扰乱中国的民族复兴事业，阻碍中国成为新兴大国，西方资本主义国家对中国进行了全方位的围堵。在意识形态领域，以美国为首的西方资本主义国家不断加大渗透力度，妄图通过"和平演变"，破坏中国的发展进程。

就在中国和平走向民族复兴的过程中，作为世界最强大国家的美国极力阻挠，随意制造贸易摩擦，联合相关国家在关键领域对中国进行封锁。美国在不断"退群"的同时，积极联合西方发达国家组建"反华联盟"，对中国进行全方位地围堵。在中国和平崛起之时，西方国家和中国的周边国家一直抱有复杂心态，要么就是无限施压，意图遏制中国的经济社会发展；要么就是持怀疑、焦虑、警惕的态度，既想合作，又摇摆不定。西方国家还热衷于给中国附上各种不良的名号，强加各种不实头衔，以此蓄意将中国的各项对外事宜打上"存在诸多威胁"和"藏有极大阴谋"的标签，提出骇人听闻的

"种族灭绝论"，甚至得出"中国霸权主义"等伪造性结论，一众的污蔑和诋毁层出不穷，热度不减。在国际舆论的传播力和影响力方面，西方国家依然处于优势地位，意识形态方面的传播优势明显。

（二）西方国家掀起逆全球化思潮

自 20 世纪 80 年代以来，新自由主义经济全球化一直由美国主导和推动，新自由主义经济全球化大力推进经济金融化和自由存在形式，创造了一种极其陈腐和不可持续的资本积累形式，并通过金融化侵占世界重大利益。国际金融危机于 2008 年爆发，其爆发的直接原因可以归咎于美元主导的国际货币体系，同时，以美国为代表的资本主义国家还到处推行新自由主义经济政策，这也进一步加速了爆发的进程，为危机的发生创造了条件和环境。美国发生金融危机，其实追其源头，不仅仅是因为金融市场、实体经济存在问题，虚拟经济出现失衡，资本家人性越发贪婪等，事实上还是因为现处于新的历史阶段，在该历史范围和条件之下，美国资本主义的基本矛盾进一步升级，变得更加尖锐和严重，这一结果其实也是必然发生的。逆全球化思潮在世界模式大规模调整与全球大流行病同时发生纠缠在一起的大时代环境之下，对国际秩序和全球治理体系产生了巨大影响，也给我国的可持续性发展和社会主义现代化建设带来了许多潜在的风险和问题。当前的逆全球化思潮和反全球化情绪由 2008 年的国际金融危机引发，初现端倪，并在 2016 年的"黑天鹅事件"中愈演愈烈，在 2020 年全球新型冠状病毒感染疫情暴发之后，这种消极事件和情绪达至巅峰，陷入无法挽回的境地。它不仅表现在政治和经济领域，也表现在文化、社会和生态领域，呈现出以经济和政治为轴心，以文化、社会和生态为发散的交织互掣的样态。在国际舞台上，一些势力也夸大了突然出现的疫情对全球化的影响，并利用这种影响来煽动群众的反全球化情绪，助力逆全球化思潮的泛滥，为此也加剧了世界公众对世界格局的担忧程度。中国在 20 世纪 80 年代中期，根据对当时国际形势——紧张的东西方对峙和日益加剧的南北分裂的分析结果，当即做出了战略决策部署，即确认和平与发展是当今时代的重大主题。正是这一决策部署，也日渐成为我国致力于和平与发展事业提供了坚实的思想依据。但中国等新兴经济体和一些发展中国家正在崛起发展中，其全球影响力和拉动力比以往任何时候都要大。因此，全球经济的重心和活力不可避免地从西方逐渐转向东方。美国为首的西方国家在这种形势下慢慢有了危机感，产生了一种对战略的畏惧心态。因此，他们打出了"逆全球化"的旗号，想借此扭转全球化的方向，以此对抗和浇灭中国等东方国家不断发展的冲劲和热情。"逆全球化"思潮的不断升级离不开政治、经济、文化、社会等多个方面的因素，这些因素的交织共同锻造出可发挥牵制作用的引擎。如今，"逆全球化"正从思潮转变为一系列的国家方略，但是，与此同时发生了很多消极情况。例如，贸易保护主义不断增强、极端政治倾向日益加重、民族主义逐渐抬头，这些问题都在持续影响经济的发展和进步，且这种影响力还在不断扩大中。如果站在世界历史的角度来分析的话，可以看到"逆全球化"早已深深嵌入在经济全球化的整个进程中，"逆全球化"自始至终都是世界经济发展过程中的"利刃"，不断刺痛和割裂经济发展的命脉。但是好的一方面是，这些现存的问题和困难都无法让经济全球化的脚步终止和停歇下来。正如习近平总书记所说："一体化的世界就在那儿，谁拒绝这个世界，这个世界也会拒绝他。"①

面对全球化带来的影响，西方发达资本主义国家的政治精英为了维护自身的剥削统治，煽动国民的民族主义情绪，达到转移民众视线、换取民众支持的政治目的。出于自身利益的考虑，以及长期以来的霸权主义思维定式，传统西方大国逆时代潮流而行，走向贸易保护主义和反全球化的道路。特朗普政府大力推行"美国优先"政策，专注于国内事务，推卸国际责任，大兴"退群"、违约之风。在此基础上，当前的拜登政府则对全球化实行"双标"，衡量标准就是看是否有利于美国。

习近平总书记从哲学高度辩证指出："经济全球化确实带来了新问题，但我们不能就此把经济全球化一棍子打死。"② 应对金融危机的一个重要误区就是"逆全球化"思潮，其目的在于解决经济全球化带来一系列问题，如经济、

---

① 习近平.在纪念马克思诞辰 200 周年大会上的讲话 [N].人民日报，2018-05-05（2）.
② 习近平谈治国理政：第二卷 [M].北京：外文出版社，2017：478.

政治、文化发展的极度不平衡和不平等所带来的问题，据此问题采取一切可能的举措试图切断经济全球化持续性发展的步伐。中国的角色定位是作为一个负责任的大国，所以中国在实现中华民族伟大复兴和不断促进人类发展进步这一根本原则的指导下，提出了"推动构建人类命运共同体"的正确主张，其目的就在于创造出公平合理的全球化新体系，消除因"周期性逆转"等逆全球化思潮所带来的诸多消极影响，并在此背景下努力开创和平共处、互利合作、互惠共享、和谐共处的新时代。

（三）教育成为国家间竞争的关键变量

进入百年未有之大变局，国家间的竞争日趋激烈。而在国际竞争的众多因素中，人才资源尤为重要。2016 年 4 月 19 日，习近平总书记主持召开网络安全和信息化工作座谈会时强调，人才是第一资源。古往今来，人才都是富国之本、兴邦大计。要想在人才竞争中取得优势，占得先机，就必须发挥教育的作用，坚持教育为先，优先发展教育。习近平总书记多次强调，教育是国之大计、党之大计，具有基础性、先导性、决定性地位和作用。发展至今，已经没有什么事业可以和教育相提并论，教育有着巨大的影响力。教育持续影响着国家后辈，甚至决定着国家发展的连续性、国家长期领导制度、民族的复兴大业和国家进步等问题。党的二十大报告在"实施科教兴国战略，强化现代化建设人才支撑"部分，强调要坚持教育优先发展、科技自立自强、人才引领驱动，加快建设教育强国、科技强国、人才强国。在国家间日趋复杂，对抗与合作并存的博弈中，教育成为关键变量。长期以来，意识形态领域危险的防范和治理是党和国家面临的一个重大战略问题，它的存在也是必然的，社会主义和资本主义两种制度并存，存在一定程度上的竞争关系。世界格局面临空前的变化，这也意味着社会主义制度和资本主义制度之间的关系也会面临新的局面，同时，其中的竞争会带动新的态势，造成很多变化。世界百年未有之大变局不但赋予了意识形态风险以新的背景、新的特点、新的阶段，而且开创了意识形态风险的全新局面。事实上，意识形态风险是一种"可能迟滞或中断中华民族伟大复兴进程的全局性风险"①。

教育引导广大青年学生坚定中国特色社会主义道路自信、理论自信、制度自信、文化自信显得尤为重要。面对错综复杂的世界形势，如何增强广大青年学生抵御错误思潮的能力，如何巩固马克思主义在高校意识形态领域的指导地位，成为中国高等教育领域的重要研究课题。青年学生正处于有朝气、有热情、有活力的成长时期，对世界、对社会都充满了好奇心，但因为人生经历、社会经验的缺乏，有时难以对事物进行全面、科学的判断。这一时期，学校对青年学生进行思想政治方面的教育引导，帮助他们树立正确的世界观、人生观、价值观尤为必要。

第二节　中华民族正走向伟大复兴

中国共产党成立以来的100年，是中国人民根本改变历史命运的100年，是中华民族迎来伟大复兴的100年，是中国为全人类发展做出卓越贡献的100年，我们实现了中国沧桑巨变，建立了丰功伟绩。这100年时间里我们见证了新民主主义革命的胜利、抗日战争和解放战争的胜利、新中国的成立、改革开放的巨变，以及决胜全面小康百年奋斗目标的完美收官等历史性巨变。2012年，在我国进入全面建成小康社会决定性阶段，党的十八大胜利召开，中国特色社会主义进入了新时代。根据既定的发展目标，中国将于2035年基本实现社会主义现代化、2050年建成社会主义现代化强国。在中国共产党的领导下，中华民族正在大步走向伟大复兴；中国正昂首挺胸朝着规模空前、史无前例的现代化迈进。在实现社会主义现代化的进程中，需要以教育作为重要的支撑，为中华民族伟大复兴的中国梦提供强有力的推动力。

---

① 中共中央党史和文献研究院.十九大以来重要文献选编（中）[M].北京：中央文献出版社，2021：654.

一、中华民族的"复兴梦"

2012 年 11 月 29 日，习近平总书记在参观《复兴之路》展览时指出："实现中华民族伟大复兴，就是中华民族近代以来最伟大的梦想。"[①] 近代以来，纵观中华民族艰难前进的历史行程，正好经历了中国国力由兴盛转向衰弱，再由衰弱转向兴盛。在历史的漫漫长河里，中国作为世界史上最古老的文明古国之一，是人口数量最多、国土面积最大、经济最发达的代表国家。然而，当中华农业文明发展到当时的最高峰之后，便失去了动力，长期处于停滞不前的状态。虽然保持着较强的综合国力，但已急速衰退。随着第一次工业革命的来临，西方国家的发展动力强劲，世界经济重心也逐渐向西方世界转移，中国不在处于世界经济舞台中心，逐渐沦为边缘者，在综合国力竞争中也逐渐处于落后状态。

古老的中国虽曾"独领风骚"，但在 1840 年英国政府以林则徐的虎门销烟等为借口，决定派出远征军侵华，发动了鸦片战争。战争前期中国军民虽英勇反抗、沉重打击英国侵略者，但是腐朽的封建制度抵抗不住英国的侵略，英军仅仅以舰船 47 艘和陆军 4000 人就打败了昔日的天朝上国。这是西方新兴的工业文明与东方古旧的农业文明的首次直面碰撞，中国国门被强行打开，逐步沦为半殖民地半封建社会。中英双方签订了中国历史上第一个丧权辱国的不平等条约——《南京条约》，中国开始向外国割地、赔款、商定关税，严重危害中国主权。在此后的 105 年间，"全世界几乎一切大中小帝国主义国家都侵略过我国，都打过我们"，同时揭开了近代中国人民反抗外来侵略的历史新篇章。

经过两次鸦片战争的洗礼，帝国主义列强对中国进行野蛮地侵略和掠夺，中国被迫签订一系列丧权辱国的不平等条约，逐渐丧失了国家自主性。社会性质逐步由自给自足的封建小农经济为主的社会，沦为半殖民地半封建社会。随之而来的是国家遭受屈辱，人民遭受苦难，中华文明被阴霾所笼罩，中华民族经历了从千年繁荣到百年屈辱的演变，遭遇了前所未有的劫

---

① 习近平谈治国理政：第一卷 [M]. 北京：外文出版社，2018：36.

难，面临着民族濒临危亡的危险，中华民族不堪忍受的惨痛经历使中国人民对辉煌的历史产生更为深刻的追忆，对伟大复兴的渴望情感尤为强烈。寻求一条救亡图存并能走向伟大复兴的正确道路成为中国社会各个阶级必须面对的时代课题。

中国错过了第一次工业革命的发展机遇，先后发动的太平天国运动、洋务运动、戊戌变法、义和团运动、清末新政等自救改革接连而起，各种救国方案轮番出台，也都以失败告终。发起洋务运动的洋务派虽然自我标榜自强新政，但由于他们都是封建传统思想的卫道者，根本无意于学习资本主义的政治经济制度。洋务派只主张"中学西用"，他们依靠的是外国的工业技术，这使得洋务运动对西方列强在技术层面有着极强的依赖性。其根本目的仅仅是在不改变中国封建统治的基础上达到维护自身利益的目的，反对对封建思想和封建制度进行任何形式的变革。所以最终也没能在外国侵略者面前表现出"自强""中兴"。

戊戌变法作为近代中国的一次资产阶级性质的改良运动，具有进步意义。但资产阶级维新派力量过于弱小，缺乏广泛的群众基础，再加上资产阶级的软弱性，对帝国主义抱有幻想，缺乏对帝国主义本质的认识，无法与掌握实权的顽固派相抗衡，最终也归于失败。当时国弱民穷的根本原因在于统治阶级腐朽堕落，因此这些救国方案在实践中必然举步维艰。太平天国运动和辛亥革命都试图推翻清政府，按照自己预设的理想蓝图探索出民族复兴之路，但太平天国运动只是动摇了封建统治的根基，辛亥革命也未能从根本上解决民族矛盾和阶级矛盾。在这些抗争和探索中，中国人民经历了艰辛和曲折，付出了鲜血和生命。在这一次次的失败中，中国人民并未屈服，寻找民族复兴的出路的理想并未放弃。中国人也逐渐总结出了一个道理，抱着天朝上国的自大心态，继续走封闭僵化的老路已经行不通。必须走出国门，学习世界的先进技术，发展工业文明。只有走现代化发展道路，中华民族才有出路，才能在屈辱中站起来。

习近平总书记在纪念辛亥革命110周年大会上的重要讲话中指出：1911年10月10日，武昌城头枪声一响，拉开了中国完全意义上的近代民族民主革命的序幕。辛亥革命极大促进了中华民族的思想解放，传播了民主共和的理念，打开了中国进步潮流的闸门，撼动了反动统治秩序的根基，在中华大地上建立起亚洲第一个共和制国家，以巨大的震撼力和深刻的影响力推动了中国社会变革，为实现中华民族伟大复兴探索了道路。

1911 年，随着清政府垮台，中国也结束了两千多年的封建专制统治。但是中国政权却完全掌握在地方军阀手中。辛亥革命先驱虽然缔造了资产阶级革命政党——同盟会，但由于领导这场革命的中国民族资产阶级的力量薄弱和政治不成熟，同盟会内部的组织比较松懈，派系纷杂，缺乏稳定和统一的领导核心，以及历史进程和社会条件的制约，辛亥革命没有探索出民族复兴的正确道路。探索民族复兴道路，需要建立坚强的革命政党，作为领导中国人民前进的坚强力量。1928 年东北易帜之前，军阀割据，北洋政府甚至无法在名义上保证中国领土的统一，更遑论抵御外部侵略和促进经济发展。北洋政府结束后，南京国民政府虽然名义上统一了中国，建立了全国新政府，弱小的民族工商业迎来了短暂的春天，但发展势头持续不久就被日本侵略战争中断。

1919 年 5 月 4 日，在中华民族面临危难之时，一场反帝反封建的爱国革命运动——五四运动爆发。五四运动是一次彻底地不妥协地反帝反封建的爱国民主运动，也是一次伟大的思想解放运动，是中国由旧民主主义革命到新民主主义革命的转折点，是新民主主义革命的伟大开端。五四运动中，爱国青年和工人阶级为达到爱国的目的，高举民主与科学的旗帜，积极倡导民主和科学的精神，进而推动了全社会的思想大解放。同时，爱国青年奔走呼号，不怕流血牺牲，为实现理想而苦苦追求，体现了追求真理、勇于探索的精神。五四运动中，青年学生起了先锋作用，工人阶级发挥了主力军的作用，有大批的赞成俄国革命的具有初步共产主义思想的知识分子起了领导作用。五四运动促进了马克思主义在中国的传播，推动了马克思主义与工人运动的结合，为中国共产党的成立做了思想上、组织上的准备。以五四运动为起点，开启了新民主主义革命，随着马克思主义的传播和中国共产党的成立，开始扭转不断向下沉沦的发展趋向，逐步转向探求民族复兴的向上发展轨道。在日本侵略中国，国家和民族最危难的时刻，中国人民众志成城、英勇抗战，共同筑起中华民族的血肉长城，并最终取得抗战的胜利。从 1931 年"九·一八"事变日军侵华起，中国政府的部分军队和中国共产党的游击队，就开始了对日本法西斯军队的作战，付出了 3 500 万人伤亡和 6 000 亿美元经济损失，直至日本战败投降，时间长达 14 年之久。这是在第二次世界大战同盟国中抗战最早、坚持时间最长的。

二、中华民族复兴道路上的领路人

习近平总书记指出："建立中国共产党、成立中华人民共和国、推进改革开放和中国特色社会主义事业，是五四运动以来我国发生的三大历史性事件，是近代以来实现中华民族伟大复兴的三大里程碑。"① 从建党之日起，中国共产党就成了中华民族复兴道路上的领路人。

十月革命给中国送来了马克思主义，使中国人看到了一种不同于资本主义制度的新文明。1921 年中国共产党诞生，中国人民的前途命运和中华民族的发展轨迹从根本上发生了改变，中国革命从此发生了开天辟地的伟大转变，中华民族伟大复兴开启了历史新纪元。中国共产党的发展历史是一幅波澜壮阔的画卷，充满了艰难险阻和暴风骤雨，取得了世所罕见的成就。在这场百年征途中，我们的党已经从嘉兴南湖上的一叶红船发展成乘风破浪的"中国号"巨轮。中国共产党的一百年是光荣辉煌的一百年，也是艰苦卓绝的一百年；是奠基立业的一百年，也是开辟未来的一百年。从 1921 到 2021，中国共产党在新民主主义革命时期完成开天辟地的救国大业，在社会主义革命和建设时期完成改天换地的兴国大业，在改革开放和社会主义现代化建设新时期推进翻天覆地的富国大业，在中国特色社会主义新时代推进并将在本世纪中叶实现举世瞩目的强国大业；从 1921 到 2021，中国共产党领导中国人民实现中华民族从站起来富起来到强起来的伟大飞跃。

为什么历史会选择中国共产党？为什么人民会选择中国共产党？答案就

---

① 习近平.在庆祝改革开放 40 周年大会上的讲话 [M].北京：人民出版社，2018：4.

是——因为中国共产党始终坚守为人民谋幸福、为中华民族谋复兴的初心和使命，在发展奋斗的过程中找到了适合自己的道路，有科学的理论指导，实行具有优势的制度，以先进的文化为支撑，并在一次次艰难抉择中做出正确的判断。

中国共产党之所以能成为中华民族伟大复兴事业的领路人，是因为党始终把人民的利益放在首要的位置。习近平总书记指出：党的一切工作都是为老百姓利益着想，让老百姓幸福就是党的事业。中国特色社会主义道路是我们党为了满足中国人民追求幸福、追求美好生活的愿景，而探索开拓的人间正道，是中国人民最根本的利益所在，也是人民殷切期盼的体现。我们党始终把为人民谋幸福、为民族谋复兴作为自己的初心使命，带领人民一步一个脚印搞建设、抓改革，归根结底就是为了人民的利益，让人民生活得更好。一个国家走的发展道路适合不适合，只有人民自己最清楚，最有发言权。每个国家的国情各不相同，走的发展道路也各不相同。这都是一个国家的人民基于本国的历史传承、文化传统和经济社会发展状况，所做出的选择。历史与现实一次次表明，中国特色社会主义是中国的必由之路，更是中华民族伟大复兴的必由之路。中国共产党带领人民在中国特色社会主义道路取得了伟大的成就，也将在这条道路上实现复兴梦想。

中国共产党为什么能够取得伟大的成就？为什么能成为中华民族伟大复兴事业的领路人？是因为中国共产党有先进理论作指导，并始终坚持从自身的实际出发，把马克思主义基本原理同中国自己的发展实际结合起来，同博大精深的 5 000 年中华优秀传统文化结合起来。毛泽东在长期的革命斗争中，把辩证唯物主义和历史唯物主义运用于中国革命的实践，进一步丰富和发展了马克思主义哲学。20 世纪 60 年代，毛泽东同志对社会主义事业的发展做出了科学判断："从现在起，五十年内外到一百年内外，是世界上社会制度彻底变化的伟大时代，是一个翻天覆地的时代，是过去任何一个历史时代都不能比拟的。处在这样一个时代，我们必须准备进行同过去时代的斗争形式有着许多不同特点的伟大的斗争。为了这个事业，我们必须把马克思列宁主义的普遍真理同中国特色社会主义建设的具体实际，并且同今后世界革命的具体实际，尽可能好一些地结合起来，从实践中一步一步地认识斗争的客观规律。"①

中国共产党领导中国人民进入了社会主义新时代。改革开放以来，中国经济规模快速增长，2000年，中国位列世界第七大经济体；2007年，超越德国位列世界第三，进入前三名；2010年，超越日本成为世界第二大经济体。党的十八大以后，中国特色社会主义取得了越来越多的辉煌成就。以习近平同志为核心的党中央统筹把握中华民族伟大复兴战略全局和世界百年未有之大变局，科学布局、精心谋划，把中国特色社会主义推动进入了新时代。过去的十年，党中央团结带领全党、全军、全国各族人民，实施了一系列战略性举措，推进了一系列改革实践，取得了一系列突破性发展，取得一系列标志性成就，经受住了种种挑战，抵御住了种种风险。一项项历史性成就写入中华民族的发展历史，一项项历史性变革为国家发展提供了强大动力，推动我们的国家快步走上全面建设社会主义现代化国家新征程。

中国制造产业体系门类齐全，是目前全世界唯一拥有全产业链的国家。在产业分布的广度方面，中国拥有41个工业大类、207个工业中类和666个工业小类，是全世界唯一拥有联合国产业分类中全部工业门类的国家。中国经济一直保持稳步增长趋势，展现了其强大的动能和韧性。从国家统计局公布的《2020年国民经济和社会发展统计公报》中可知，与美国等西方国家经济增长的颓势相比，中国2020年的GDP总量较2019年增长了2.3%，达到了101.5986万亿元。以突破百万亿元的GDP总量，证明了自己"经济优等生"的身份，成为世界唯一经济正增长国家。

党的二十大报告指出："十年来，我们坚持马克思列宁主义、毛泽东思想、邓小平理论、'三个代表'重要思想、科学发展观，全面贯彻新时代中国特色社会主义思想，全面贯彻党的基本路线、基本方略，采取一系列战略性举措，推进一系列变革性实践，实现一系列突破性进展，取得一系列标志性成果，经受住了来自政治、经济、意识形态、自然界等方面的风险挑战考验，党和国家事业取得历史性成就、发生历史性变革，推动我国迈上全面建

---

① 毛泽东文集：第八卷 [M]. 北京：人民出版社，1999：302.

设社会主义现代化国家新征程。"①

三、中国式现代化推进中华民族伟大复兴

中国人民顺应历史发展潮流，探索实践中华民族伟大复兴征程，选择了中国式现代化道路。在全面总结我国社会主义建设经验，梳理改革开放实践得失的基础上，中国共产党立足中国实际、审视世界潮流、面向未来发展，进一步深化对现代化建设规律的认识，探索开辟中国式现代化道路，坚定不移、信心十足地推进中国特色现代化建设，以中国式现代化全面推进中华民族伟大复兴。中国共产党第十九届中央委员会第六次全体会议通过的《中共中央关于党的百年奋斗重大成就和历史经验的决议》指出："以中国式现代化推进中华民族伟大复兴。"中国人民经过百年的现代化探索，把马克思主义的基本原理和中国具体实际结合起来，不断创新和发展马克思主义，这无疑是马克思主义中国化的最新成果。党的二十大明确指出，中国共产党要把"团结带领全国各族人民全面建设社会主义现代化强国"和"第二个百年奋斗目标"作为工作的中心任务，用中国式现代化推进中华民族伟大复兴。中国式现代化有其鲜明的特色，它是人口规模巨大的现代化，是全体人民共同富裕的现代化，是物质文明和精神文明相协调的现代化，是人与自然和谐共生的现代化，是走和平发展道路的现代化。②

中国式现代化立足于我国人口规模巨大的发展实际，是具有开创性的历史壮举。第七次全国人口普查数据可知，我国人口超过 14.1 亿，约占全世界总人口的 18%。在人类过去几百年的进程中，西方国家一直占据着发展优势地位，引领着现代化的风潮和方向。截止到目前，世界上实现现代化的国家和地区不超过 30 个、总人口不超过 10 亿。中国作为当今世界上人口最多的

① 习近平.高举中国特色社会主义伟大旗帜 为全面建设社会主义现代化国家而团结奋斗：在中国共产党第二十次全国代表大会上的报告 [EB/OL].（2022−10−25）[2024−2−1] https://www.gov.cn/xinwen/2022−10/25/content_5721685.htm.

② 习近平.高举中国特色社会主义伟大旗帜 为全面建设社会主义现代化国家而团结奋斗：在中国共产党第二十次全国代表大会上的报告 [EB/OL].（2022−10−25）[2024−2−1] https://www.gov.cn/xinwen/2022−10/25/content_5721685.htm.

国家，若实现现代化，届时迈入现代化的人口将翻一倍多，当前的现代化世界版图将被彻底改写，这也将是人类历史上一个极具深远意义的大事件。我国14亿多人口整体迈进现代化社会，规模超过现有发达国家人口的总和，艰巨性和复杂性前所未有，发展途径和推进方式也必然具有自己的特点。① 在中国特色社会主义的发展历程中，中国共产党始终立足于中国的国情，以此为基础寻找方向、做出决策、实施任务，杜绝好高骛远，不切实际，也反对因循守旧，故步自封。在发展的道路上，保持进取心和耐心，处理好稳中求进和锐意改革的关系，持续推动发展事业不断向前。

中国式现代化体现着社会主义本质的要求，也是广大人民群众普遍期待的愿景。以中国式现代化推进中华民族伟大复兴，最终要落到增进民生福祉、促进共同富裕上来。当前，我国正处于战略机遇与风险挑战并存的时期，必须牢牢把握住发展节奏，必须把解决阻碍发展的问题作为全党工作的重中之重，全面实施好既定战略，推进现代化建设，实现富裕的全民性。要把握好发展这个前提，始终坚持以经济建设为中心，不断解放和发展社会生产力，把经济社文化事业发展好，制定合理的分配制度，处理好效率和公平的关系；要坚持循序渐进、与时俱进、实事求是的原则，不脱离发展实际，既尽力而为又量力而行，使全体人民共同富裕的愿望得以实现。

中国式现代化是物质文明和精神文明相协调的和谐统一的现代化，是坚持和发展唯物史观的伟大实践。物质文明建设为实现民族复兴奠定坚实"硬件"基础，精神文明建设为实现民族复兴提供有力"软件"支持。以经济建设为中心是中国式现代化始终坚持的基本原则，同时，中国式现代化并未忽视精神文明建设。伟大的民族复兴事业需要坚实的"硬件"基础作为支撑，而中国式现代化将推动我国经济从高速增长向高质量发展转变，通过不断地创新，创造出更为丰富的物质文明。中国式现代化需要正确的方向作为指引，在推动经济快速发展的同时，大力加强社会主义精神文明建设，践行和发展社会主义核心价值观，不断巩固和加强马克思主义在意识形态领域的指

---

① 习近平.高举中国特色社会主义伟大旗帜为全面建设社会主义现代化国家而团结奋斗：在中国共产党第二十次全国代表大会上的报告[N].人民日报，2022-10-26（1）.

导地位，促进中国传统文化的创新性发展、创造性转化，促进社会主义先进文化繁荣发展，使社会文明程度显著提高、人民精神力量不断增强。

中国式现代化强调发展与保护并重，是不以损害自然为代价的可持续模式。自古以来，中华民族就十分关注自然和人类的和谐关系，创造了"天人合一"的思想理念。马克思同样强调了人与自然是一个有机的统一整体，人是自然界的一部分。新时代中国在继承中华传统优秀思想的同时，发展了马克思的生态理论，坚决不走西方工业化的老路，而是把发展和保护、利用和修复有机统一起来，树立绿色发展理念，以尊重和保护自然为原则，倡导节约、集约、循环、资源利用观，走生产发展、生活富裕、生态良好的文明发展道路，建设人与自然和谐共生的现代化。中国将努力构建现代环境保护体系，积极参与全球环境治理工作，坚决打好污染防治攻坚战，形成绿色治理的坚固长城。可以预见，到我们建成社会主义现代化强国时，美丽中国将以更高的颜值展现在世人面前。

中国式现代化坚持走和平与发展的道路，是造福于世界人民的事业。党的二十大报告指出："中国共产党是为中国人民谋幸福、为中华民族谋复兴的党，也是为人类谋进步、为世界谋大同的党。"① 爱好和平是中华民族的优良传统和性格特质，近代以来中华民族饱受殖民主义摧残，深受帝国主义战争危害，中国人民比其他民族更加珍惜今天这来之不易的和平。中国共产党将带领中国人民用实际行动向世界证明，中国可以通过自己的现代化发展方式，实现富足与强大，并创造人类文明的新形态。中国，是存在于世界的中国，其发展离不开世界的安定繁荣；世界，是中国参与的世界，中国的民族复兴事业将有力推进世界的发展进步。

中国式现代化是一项伟大而复杂的系统工程，这项工程必然包含有教育现代化，而高等教育又是教育体系中最重要的组成部分。因此，没有高等教育的现代化，中国的教育现代化就无法实现，中国式现代化也就无从谈起。中国特色社会主义事业需要大量的社会主义建设者和接班人，需要源源不断

---

① 习近平. 高举中国特色社会主义伟大旗帜 为全面建设社会主义现代化国家而团结奋斗 [M]. 北京：人民出版社，2022：21.

的科技创新动能，需要先进文化作为支撑，面对这些任务，高等教育责无旁贷。根据《中国教育现代化 2035》的整体规划，至 2035 年，中国将总体实现教育现代化，进入教育强国行列，与 2050 年建成社会主义现代化强国的目标相比，提前了 15 年。可见，教育现代化是中国式现代化的前置条件，具有支撑引领作用。

第三节　教育教学改革逐步深入

习近平总书记指出："一个民族的复兴需要强大的物质力量，也需要强大的精神力量。"[①] 1949 年以来，经过 70 余年的不懈努力，中国已经发展成为世界上的人力资源大国。进入新时代，中国将通过实施科教兴国战略和人才强国战略，将世界人力资源大国转变为人力资源强国。在 21 世纪，中国将向世界证明，我们不仅能创造了社会快速发展，经济飞速增长的奇迹，还能创造教育由弱变强，人力资源由小变大、再变强的奇迹。

一、中国高等教育取得举世瞩目的成就

19 世纪中期，处于"数千年未有之变局"的中国社会在西方思想理论的影响下发生了重大变化，对中国长久以来的教育模式产生了重要影响，在很大程度上发生了改变。很长一段时间里，中国的教育不仅有官方举办的学校，还有私人举办的学校和学院，在过去，中国的教育制度与国家人员选举制度是密切相关的，教育的主要功能是"学而优则仕"。1905 年，科举制在清朝被废除，至此官员的选拔与教育考试分离。具有浓厚封建主义色彩的"中学为体、西学为用"是那一时期教育改革的灵魂，科举制度虽然被废除，却依然影响着当时的教育，在中国存在数千年之久的教育模式和理念仍主导着当时教育的发展，高等教育的发展与现实社会经济发展存在偏差。

民国时期，中国的高等教育发生了转变，从效仿日本教育制度向美国

---

① 习近平. 在文艺工作座谈会上的讲话 [N]. 人民日报，2015-10-15(2).

模式转变，最后逐渐与中国实际相结合。民国初年，高等院校的数量比清朝末年时有所增加，大学、专门学校和高等师范学校组成了这一时期的高等院校。1911年，在中国存在两千多年的封建专制被辛亥革命推翻了，教育界开始逐步学习其他各国的长处，从清末主要模仿日本教育制度，逐渐转向欧美等国家的教育制度学习。从北洋政府教育部1918年公布的数据来看，当时高等院校存在着大学数量少和分布不平衡两个方面的问题。

1919年，随着新思想流入中国，越来越多接受新思想的知识分子寻求救国方法，新文化运动对传统教育进行了批判，呼吁国民接受新思想、学习新文化并且主张进行教育改革。中国学习和借鉴美国教育模式的道路就此开始，在教育家杜威所提倡的实用主义教育思想影响下，大量赴美学习教育的留学生回国后都为推动教育改革贡献了巨大的力量，如郭秉文、胡适、蒋梦麟、陶行知、陈鹤琴等。1917年，蔡元培受邀担任北京大学校长，他模仿欧美大学模式，在北京大学采取了一系列措施，对北京大学当时的学风、教风都产生了很大影响，其他高等院校都纷纷效仿，对中国高等教育的变革产生了影响。俄国十月革命的胜利给中国带来了马克思列宁主义。与此同时，西方先进的教育理论和教学方法传入中国。20世纪30年代，中国高等教育在学习欧美国家的教育理念和教育模式时，不再是一味地模仿照搬，而是在立足自身国情的基础上进行了创新。这一时期，中国的高等教育质量逐步提升，并初步奠定了我国现代教育的基本模式。

中华人民共和国成立以来，中国的高等教育在困境中发展，规模逐步扩大，质量不断提升，在人才培养、科学研究社会服务、文化传承创新、国际交流与合作等方面做出了重大贡献，取得了举世瞩目的历史成就。1949年12月，第一次全国教育会议明确提出了借助苏联教育建设的先进经验来发展本国教育的方向路线，确立了学习苏联经验的教育方针。1950年7月，政务院批准执行《高等学校暂行规程》，强调了新的课程体系基本借鉴苏联模式，以马克思列宁主义理论为基础。新中国成立初期我国开始效仿苏联模式调整了高等学校的院系设置，高等教育模式初步形成。1949年后的17年里，深入学习苏联教育理论和教育经验对我国的社会主义高等教育体系的形成具有重大的影响。

改革开放以来，我国高等教育重新转入正轨。1977 年，邓小平同志组织召开科学和教育工作者座谈会，会议决定在当年恢复高考。这是中国高等教育的里程碑事件。1977 年 10 月，国务院批准了教育部关于我国高校招生的意见，恢复了全国高校的招生统一考试。从此，我国高等教育在体系构建、制度建立、办学模式、培养要求等方面进行了初步的改革，培养出了一批批优秀人才，为我国经济社会发展做出了很大的贡献。中国高等教育体系发生了翻天覆地的变化，变成了更加科学、更加开放、面向全体人民的大众化教育。1999 年各大高校扩大招收学生规模，是促进高等教育全方位、全面改革的重要事件。1998 年 12 月，教育部制定《面向 21 世纪教育振兴行动计划》，提出了 2000 年，高等教育入学率提高到 11% 左右；2010 年，高等教育入学率接近 15% 的目标。1999 年之后，中国高等教育学校的数量和规模都大幅度上涨，逐步由面向小众的"精英教育"向面向全体国民的"大众教育"转变。直到 2004 年，我国教育规模居世界第一，已超过 2 000 万人。

2019 年，中国高等教育毛入学率达到 51.6%，正式进入了普及化阶段。我国高等教育办学质量和能力不断提高，使我国高校在世界高校中的排名不断上升，在许多领域都培养了大批优秀的人才，中国高等教育内涵式、跨越式的发展使我国在基础研究和科技创新等方面成果不断。2021 年，随着办学规模的不断扩大，我国高等教育的在学总人数从 1980 年的 114.4 万人达到 4430 万人，高等教育的毛入学率达到 57.8%。57.8% 的毛入学率，标志着我国的高等教育已进入普及化发展阶段。从通用性指标来看，中国高等教育多项指标位居世界前 5%，甚至进入 2% ~ 3% 以内。根据 QS、泰晤士、U.S.News、软科四项排行榜来看，我国高水平大学群体实力、高等理科教育水平、高等工科教育水平、高等农学教育水平、高等文科教育水平、人力资源开发水平均位列世界前三，位居世界前 2%；此外，高等医学教育水平位居世界第四，高等教育整体水平位居世界第八。[①]

中华人民共和国成立以来，高等教育的发展听党的指挥，坚持社会主义

---

① 吴岩 . 中国式现代化与高等教育改革创新发展 [J]. 中国高教研究，2022（11）：21-29.

发展，紧跟时代的步伐，坚持主流方向，坚持开放学习，同时又结合我国一直以来强调的道德教育、爱国主义教育，以学生为主，促进学生的全面和谐发展，为我国社会主义建设培养优秀人才，走出一条符合我国国情的、适合我国教育发展的道路。我国高等教育从建国到现在，在70余年的发展历程中，实现了从面对部分人群的小规模教育转向面向全体大众的教育，再向民众普及教育转变，规模空前扩大，培养的专项人才数量不断增长，为我国很多行业社会主义现代化建设储备了人才。将我国国民经济与社会发展和高校学科体系、教学体系相结合，使得其发展更加适应中国这片沃土。在规模扩大的同时，中国高等教育办学水平和教育教学质量上升到新的高度，在科学研究方面贡献突出，为国家经济发展提供了强大的支撑。

中华人民共和国成立以来的70多年，中国高等教育能取得如此大的成就，是因为我们始终坚持党对高校的全面领导，走中国特色社会主义道路，立足于中国基本国情，扎根于中国大地，善于学习借鉴其他国家的先进经验，遵循教育规律，积极探索创新，努力建造一个"中国式"的高等教育发展的样式。

二、高等教育为中国式现代化提供支撑

国家的发展和繁荣是一代代人民不断努力的过程，我国综合国力的不断增强表现在很多方面。在近代西方国家发展的历史中我们可以看到，不能仅从经济的繁荣、技术的变革或者军事力量的增强来衡量一个国家国力的强大，教育在一个国家的综合国力增强过程中有着重要的作用。教育可以铸就人们的思想灵魂，是一个国家和民族精神内核的体现，其作用往往是深入人心的内驱力，比军事力量、经济力量和技术力量有更加深远的作用。在近代西方各国发展历史中，人们学习、发展和创新文化的能力不断增强，是因为教育发展，同时也为文化的创新发展和进步造就了更加有利的外部环境。西方的资产阶级革命不仅促进了当时经济的生产，还促进了文化的生产。在这样的情况中，近现代西方国家造就了多种多样的文化，对文化的影响不断积蓄了强大的力量，这也是西方各国综合国力不断增强的重要部分。

在中国当代发展建设的规划中，主要的是创新，重要的是人才，而基础的是教育。我党在长期以来对于治理国家政策方针的剖析中，发现教育对于国家的重要性，紧抓教育优先发展原则。在全面实现社会主义现代化进程中，我国各方面的工作都至关重要，而中国式现代化教育同样也是实现中国式现代化不可缺失的一部分。不断推进教育向现代化发展，实现以教育增强国家力量目标的重要环节是中国步入现代化、进入全球前列，其既有着基础作用、坚实的支撑作用，又具有长时期和全面性的作用。中国式教育现代化可以为 2035 年基本实现社会主义现代化、2050 年建成富强民主文明和谐美丽的社会主义现代化强国提供充足的人才力量储备，进一步为世界发展特别是不发达国家追求教育强国提供新思想，新经验。

以习近平同志为核心的党中央在进入"中国式"社会主义的新时代发展历程中，更加偏重教育事业的发展。2016 年 12 月 7 日至 8 日，全国高校思想政治工作会议在北京举行。习近平总书记在会议讲话中指出："高等教育发展水平是一个国家发展水平和发展潜力的重要标志。我们对高等教育的需求比以往任何时候都更加迫切，对科学知识和卓越人才的渴求比以往任何时候都更加强烈。"高等教育在各个方面都有着不可替代和不可磨灭的作用，如在人才的培养、科技的创新发展、服务人民、保护文化等方面，在推进我国共同富裕的进程中发挥着作用。由此可以看出，发挥高等学校的长处、发掘高等学校的潜在力量，为国家社会的持续发展提供不竭的动力，对于实现我国社会主义发展目标和中华民族伟大复兴的目标具有深刻的意义。2017 年，建设教育强国被党的十九大确立为实现中华民族伟大复兴的基础工程。2018 年 9 月 10 日，习近平总书记在全国教育大会上的讲话中提出："教育是国之大计、党之大计。"2020 年，党的十九届五中全会提出："到 2035 年建成教育强国。"2022 年，党的二十大报告将"实施科教兴国战略，强化现代化建设人才支撑"作为专门的章节进行论述，并指出教育、科技、人才对于全面建设社会主义现代化国家具有基础性、战略性支撑作用，这既体现了党对教育、科技、人才事业的高度重视，也为中国高等教育改革事业的未来发展提供了根本遵循。

教育、科技和人才是实现中华民族伟大复兴的重要途径。2018 年 9 月 10 日，在全国教育大会上，习近平总书记强调要"坚持把服务中华民族伟大复兴作为教育的重要使命"。实际上，把我国建设成具有高质量和完备教育体系的国家也是实现中华民族伟大复兴的重要基础。高等教育是整个教育体系的龙头。高等教育发展的高度某种程度上代表和决定着国家发展的高度。高等学校承载着人才培养、科学研究、社会服务、文化传承创新、国际交流合作等重要功能，是国之重器。中国高等教育在实现中国式现代化中扮演着不可替代的战略角色，发挥着举足轻重的战略作用。

高等教育有着双重任务，首先是促进教育的公平，其次是为国家的发展和崛起提供非凡力量，培育优秀人才。人民群众要想获得良好的教育，享受教育公平，成为对祖国有用的人才，需要高等教育的普及，需要高等教育的高质量发展。让老百姓称心的教育，不仅要"紧紧抓住人民最关心最直接最现实的利益问题，坚持尽力而为、量力而行"，更要为"实现好、维护好、发展好最广大人民根本利益"全力以赴。在国际形势如此复杂和我国发展步入关键阶段之时，"实施科教兴国战略，强化现代化建设人才支撑"[①] 是中国式现代化建设的关键，是实现第二个百年奋斗目标、实现中华民族伟大复兴的重要所在。高等教育学校作为国家人才培养的摇篮和国家栋梁的培育基地要主动担起重任，不辱使命，为国家发展做出更大的贡献。

创新的根本在人才。创新是指人们在总结规律的基础上再次打破传统，以不同寻常的方法解决新的问题，进而取得良好的效果。人是发展创新中最活跃的要素，人才的创新能力决定着创新质量的高低。与其他教育手段相比，高校在培养人才方面具有重要的地位和作用。创新贯穿高等教育的各个方面，不仅会渗透在应用型人才的工作能力中，更要体现在卓越的创新人才解决问题的方式上。国家的发展要坚持理论与实际相结合，将创新知识和实际社会经济文化相适应，提高社会生产力水平。

---

① 习近平. 高举中国特色社会主义伟大旗帜 为全面建设社会主义现代化国家而团结奋斗：在中国共产党第二十次全国代表大会上的报告 [EB/OL].（2022-10-25）[2024-1-1] https://www.gov.cn/xinwen/2022-10/25/content_5721685.htm.

教育与人才之间关系密切。人才是一个国家持续发展的不竭动力，是学校发展的第一要素。发展需要人才的推动，保障教育的优先发展是实现人才引领的前提。人才的培育和发展需要高等教育与创新相结合，同时需要高校教师对于人才培养的重视，高等学校不仅需要为国家创造新的成果，为国家发展服务，而且也需要一批批乐于奉献的教育者来实现创新科研，所以必须要重视人才的作用。国家重视教育是因为创新发展需要教育助力，教育作为国家发展力量中最活跃的要素和引领力量，吸引着大学人才的目光，激发着创新人才的思维。高等教育是经济发展和社会进步的基石和动力，将不断助推创新发展。

三、中国高等教育改革创新正逐步深入

在过去的 20 多年里，中国完成了从精英高等教育阶段向普及化高等教育阶段的迈进，为高等教育发展开辟了新道路。不仅为中国的持续发展奠定了基础，而且为世界文化的繁荣做出了巨大贡献，为其他国家高等教育的发展做出了表率。立足于目前中国高等教育的实际，结合中国 5 000 年的文化底蕴和西方优秀的发展理念，用有效的方法措施改进我国高等教育目前存在的问题，才能真正实现高等教育的现代化发展。全面建设社会主义现代化国家在党的二十大上被确立为首要任务，高等教育高质量发展也包含其中。建立高质量高等教育体系成为建设教育强国的第一任务，这不仅是高等教育开始发挥新的作用的前提，也是实现高等教育引领教育来建设强大祖国的重要准则和中心要义。

进入新时代以来，中国高等教育积极贯彻新发展理念，积极构建新发展格局，以求促进高等教育的高质量发展。国家教育主管部门，科学谋划实施"双一流"建设、一流本科专业建设"双万计划"、一流本科课程"双万计划"、课程思政建设、"四新"建设等改革创新举措，全方位推进高等教育高质量发展，高等教育高质量发展的局面正在形成。

两个"双万计划"进入关键时期。2019 年 4 月 2 日，教育部办公厅印发《关于实施一流本科专业建设"双万计划"的通知》，一流本科专业建设"双

万计划"启动。同年 10 月 24 日，教育部又印发了《关于一流本科课程建设的实施意见》。两个"双万计划"设定了目标任务，即 2019—2021 年，建设 1 万个左右国家级一流本科专业点和 1 万个左右省级一流本科专业点；建设定 1 万门左右国家级一流课程和 1 万门左右省级一流课程。高校按照不同的专业进行人才培养，不同人才培养的质量和是否符合社会的发展由不同学科专业建设的质量决定，并且，一个专业的建立是由一个学科或与其相关联的学科组合而成，专业人才的质量与专业中课程体系的建设质量相关。两个"双万计划"的实施，将有效推动高等教育内涵式发展，实现本科教育体系的系统优化和本科教育人才培养综合竞争力的提升。

在线教育已取得突破性进展。从 2013 年中国高等教育领域对"慕课"的探索，到 2019 年召开中国慕课大会并发布《中国慕课行动宣言》，再到 2020 年召开首届世界慕课大会，发布《慕课发展北京宣言》，发起成立"世界慕课联盟"，中国高等教育已成为互联网在线教育的领跑者。当前，中国高等教育的慕课数量和应用规模均居世界第一，这两个世界第一足以说明中国已经充分利用信息技术重塑教育教学过程的事实，在线教育逐渐成为促进中国高等教育变革与创新发展的重要途径。

"四新"建设引领教育教学范式变革。自 2017 年"四新"理念提出以来，经历了一步步地实践探索，"四新"建设已从一种实践探索逐渐变成了一种改革范式，并成为高等教育强国建设中的一项主要内容。2021 年 4 月，习近平总书记在清华大学考察时，强调要"推进新工科、新医科、新农科、新文科建设"。"四新"建设面临着新的科学技术改革，回答了新时代如何推动学科和产业变革、促进新经济发展、建立中国话语体系、培养时代新人的时代之问。"四新"建设顺应了新一轮科技革命和产业变革的趋势，是践行扎根中国大地办大学的改革实践，随着改革的不断深入，其将更好地解决国家社会发展的重大问题，为中华民族伟大复兴事业培养紧缺人才，推进国家的现代化建设。

在课程中融入思政元素变得尤为重要。2020 年，教育部印发《高等学校课程思政建设指导纲要》，强调"让所有高校、所有教师、所有课程都承担好育人责任，守好一段渠、种好责任田，使各类课程与思政课程同向同行，将显性教育和隐性教育相统一，形成协同效应，构建全员全程全方位育人大格局"。全国高校纷纷行动，开展了丰富的实践和研究，思政课程与专业课程协同，显性教育与隐性教育结合的育人模式逐步形成。

此外，中国高等教育还在基础学科拔尖人才培养、创新创业教育、产教融合等方面取得了较大进展，为建设高等教育强国不断积蓄着力量。实施这一系列改革创新措施的目的是为社会主义的发展和建设培养有美德、有智慧、有体力、有审美的各方面发展的后备人才，用实际行动回答了"培养什么人、怎样培养人、为谁培养人"这一教育的根本问题。中国高等教育不断推进改革创新，努力实现高质量发展，其最根本的要求就是落实立德树人根本任务，提高人才培养质量，为中华民族伟大复兴事业培养社会主义建设者和接班人。立德树人，"德"是根，是基础。正如《高等学校课程思政建设指导纲要》所强调的，课程思政建设"影响甚至决定着接班人问题，影响甚至决定着国家长治久安，影响甚至决定着民族复兴和国家崛起。"这一具有重大战略意义的举措在一系列教育教学改革中处于核心位置，具有决定性意义。这不仅是立德树人根本任务的内在要求，也是防范意识形态风险的现实需求。处在新历史发展时期的中国，面临着在经济、科技、文化和军事领域追赶发达国家的压力，意识形态领域渗透和反渗透的斗争仍然十分尖锐复杂，维护文化安全和意识形态安全面临新的挑战。[1] 高校作为青年学生的聚集场所，是开展意识形态教育的重要实施场域。对青年学生进行富有成效的思想政治教育，是所有高校必须开展的一项主要工作。

---

[1] 李建宇. 新时代价值观教育的境遇与实现路径选择 [J]. 思想战线，2020，46（4）:13-22.

第一章
新时代高校课程思政建设的理论基础

"课程思政"这一新概念是在思想政治教育改革实践中应运而生的，它是一种新时代的思想政治教育理念，以科学育人的新思路渗入了高校思想政治教育理念之中。因此，要从宏观的角度出发，对"课程思政"进行整体性观照，才能对其内涵的阐释拥有深刻性和全面性的把握，在此基础上，人们才能在认知方面和实践方面廓清"课程思政"中的基础性问题。

第一节　课程思政的丰富内涵

践行课程思政理念，教育者不仅要从宏观的角度关注应该培养什么样的人、如何培养人、为谁培养人这些根本性问题，还要厘清各种关系并且解决好实际教学环节中的各种问题。因此，在教育内涵不断丰富和发展的今天，为了进一步落实课程思政理念并且能够进行深入研究，最主要前提就是要把握好课程思政的价值意蕴及其协同育人的特征。

一、课程思政的内涵与特征

早在 2014 年，上海进行教育改革创新时就提出了课程思政的概念，并且在上海的一些高校进行试点工作后取得了一定的成效，为课程思政的深入研究奠定了基础。2016 年 12 月，习近平总书记在全国高校思想政治工作会议的讲话中指出："要用好课堂教学这个主渠道，使各类课程与思想政治理论课同向同行，形成协同效应。"① 2017 年 12 月，中共教育部党组印发的《高校思想政治工作质量提升工程实施纲要》指出："大力推动以'课程思政'为目标的课堂教学改革"。"课程思政"首次被写入教育部文件。

（一）课程思政的内涵

课程思政并不是简单的"课程"+"思政"，而是在此基础上"课程"和"思政"的有机统一，有着更深刻且宽泛的内涵。这里的"思政"主要是指"思政元素"，重点强调思政元素在专业课程中的融入，且不同于原本的思想政治理论课，课程思政建设可以在增强育人的效果的同时作为开展思政课程的一个补充性存在。开展课程思政建设工作要紧紧围绕全面提高人才培养能力这个核心点，最终达到的目标是"高校立德树人成效进一步提高"②。

课程思政是一种教学理念。其实质是在课程学习的各个方面渗透高校的思想政治教育，作为一种新时代的教育理念，课程思政并不是单纯地在原有的教学体系之中增加一门课程，也不是一项实践性活动。它着力于寻找各门专业课知识与思想政治教育的内在联系，并将相关内容融入各学科教育教学之中，使学生在知识和能力得以提升的基础上，还可以提升其政治认同感、道德素质、文化素养、思维能力等，可以从本质上系统性地把学生培养成为德才兼备、全面发展的爱国、爱党、爱人民的社会主义事业接班人。它要求专业教师要挖掘课程中蕴涵的思政元素，在知识讲授的同时注重意识形态宣传和价值观引导，以促进专业内容和思想政治教育的交织融通，进而提升其育人功能，拓展其教育教学功能。最终实现高校思想政治教育与专业教学的互融，达到在对学生日常知识的传授过程中融入思想政治教育的目的，构建全员、全过程、全方位的"大思政"教育体系。

---

① 新华社.全国高校思想政治工作会议 12 月 7 日至 8 日在北京召开 [EB/OL].[2016-12-8] [2022-04-15]. http://www.gov.cn/xinwen/2016-12/08/content_5145253.htm#l.

② 教育部.教育部关于印发《高等学校课程思政建设指导纲要》的通知 [EB/OL]. [2020-05-28][2022-03-25]. http://www.gov.cn/zhengce/zhengceku/2020-06/06/content_5517606.htm.

课程思政以专业课程为载体。课程思政需要以教学课程作为载体，在坚持以传统思想政治理论课为核心的基础上，充分发掘专业课中隐含的与思想政治教育相关的元素和资源，在厘清专业课程的基本内涵和授课形式后，建构专业课知识与思想政治理念相互嵌入的新型教育形式。在此基础上，运用隐性课程的方式在各门专业课课程的设计开发、教材挖掘、课程实践、教学评价中把思想政治教育的原则、内容和要求，系统地、科学地融合起来。

（二）课程思政的特征

课程思政是与社会发展相互调适后产生的新型教育理念。在新的时代背景下，课程思政展现了其独特的魅力，创新性地对高校教育理念提出了新的要求。因此，对于课程思政本质特征的正确把握，能够有效落实课程思政理念、有效展开课程思政实践以及切实提升课程思政建设的实效性。

注重思想育人。从目标设定的角度来看，课程思政与思政课程都是要进行思想政治教育，二者具有一致性。《关于深化新时代学校思想政治理论课改革创新的若干意见》要求，应"深度挖掘高校各学科门类专业课程"所蕴含的"思想政治教育资源"，发挥所有课程蕴含的育人功能。高校应将为党育人、为国育才作为课程思政的首要任务，培养学生正确的世界观、人生观和价值观，应坚持贯彻落实党的各项方针政策，帮助学生坚定政治信仰，坚定不移走中国特色社会主义道路。课程思政还要求培养学生的家国情怀和人文精神。要深入挖掘人文元素，坚持实践教育、专业知识教育、理想信念教育、道德素养教育等思想教育相结合，使思政真正贯穿于课程的精神内核之中，从整体视角上关怀学生的全面发展，让课程思政最大限度地体现"以人为本"的人文主义精神。

注重潜移默化。传统的思想政治教育往往具有鲜明的政治性、公开性以及外化性，主要通过教师在课堂上对知识的直接讲解，来达到育人的目的。课程思政建设则需要通过隐性教育隐目的、无计划、内隐的教育形式，以内化于心、外化于行的要求培养出具有正确意识形态的个体，该个体具有较高的政治素养、正确的价值追求、良好的道德品格等。在此过程中，教师需要有计划、有目的、系统地将各类课程中蕴含的思政元素提炼出来并贯穿整个教学过程。隐性教育可以起到无意识的教化育人的作用，可以在受教育者不排斥的情况下不知不觉地进行，这种教育手段，虽然不会获得即刻效果，但能够在受教育者未来的行为和意识形态中潜移默化地对其产生深远且持久的影响。这也是隐性教育较显性教育拥有的独特优势之一。此外，课程思政相较于思政课程而言，其范围更加广阔，涵盖了思想道德追求、传统文化、科学精神、爱国情怀、道德修养等内容，可以引领当代大学生的思想价值观的走向。例如，在艺术类专业课的教学中，专业课教师可以将艺术家的人格魅力，将其艺术作品蕴含的人生哲理在课堂上传递给学生，使学生在不知不觉中接受主流价值观的熏陶，这样做不仅能够增强课程思政的效果，还可以在一定程度上提升课程思政的影响力。

注重整体协调。课程思政强调所有教师和所有课程均具有育人的责任，构建"三位一体"的课程体系是其宗旨，切实营造全员、全过程、全方位"三全育人"的浓厚氛围。课程思政有利于破除思政课的"孤岛"困境，通过全过程育人，更好实现立德树人这一根本任务。一是人员的整体性。课程思政建设不只是思政课教师的孤军奋战，而是全体教师的共同努力。同时，课程思政需要高校党委的高度重视、调控与布局，学校要充分调动各专业教师和行政管理人员进行思政教育的积极性，以激发出课程思政的最大优势。二是教学过程的整体性。应实现课堂教学、心理建设、校内外实践等各个方面的协同并进，在此基础上，课程思政理念才能够落实到位，才能实现对高校学生整体素养的提升。三是教学资源的整体性。课程思政建设要整合教育资源，综合运用专业课堂、互联网、校内外等领域的资源，凝聚课程思政建设的育人合力，打造多维度、立体化的课程思政管理模式。

注重课程特色。课程思政不是生搬硬套，而是从专业课程的自身特点出发，实现育人元素与专业知识的融合。一是要立足学校实际与专业课程特点，以自身特色优势为基础，挖掘特有的思政元素，将思政元素与自身特色相融合，在学生熟悉的学习环境中融入价值塑造和意识形态教育，让学生乐于接受，最大限度地增强教学效果。二是要结合各个门类课程独有的教育目标、教学内容和教学方式，合理融入理想信念教育、传统文化教育、道德法治教育，通过知识传授和价值培养的结合，培养专业知识过硬和思想素质过硬的人才。

二、开展课程思政建设的依据

高校课程思政建设以马克思主义哲学和习近平总书记关于教育的重要论述为理论依据，以党的教育方针为政策依据，以落实立德树人根本任务为主线，全面贯彻党的教育方针，遵循思想政治工作规律、教书育人规律和学生成长规律，在思想道德教育、科学文化教育、社会实践活动三方面深度融入立德树人的思想观念，在教育教学全过程中贯穿思想政治工作，形成了高水平、高层次的人才培养体系，促进了学生的全面发展。

（一）马克思关于人的全面发展的理论学说

课程思政的提出是为了推进高校课程思政与思政课程协同育人，其目的是促进学生德智体美劳全面发展，使学生在学习专业知识的同时形成正确的世界观、人生观、价值观。课程思政不仅能帮助学生掌握专业知识，还能提升其思辨意识，因此，课程思政理念的提出对于培养社会主义建设者和接班人具有重要意义。人具有一定的主观能动性是马克思主义哲学的核心思想之一，该思想表明，人可以为满足自身需要而能动地改造客观世界，可以为实现人的全面发展而付出努力。从上述分析可以看出，课程思政理念与马克思主义关于人的全面发展的论述如出一辙。马克思在《德意志意识形态》中正式提出"个人的全面发展"这一概念，他表示，"任何人的职责、使命、任务就是全面地发展自己的一切能力。"[①] 马克思主义关于人的全面发展学说和高校课程思政中将专业课程与思政课程的有效融合是相通的。人的全面发展不仅需要社会生产力发展所带来的物质生活的全面发展，还需要人的精神方面的全面发展，这就需要教育引导人的全面发展。马克思关于人的全面发展

---

① 马克思，恩格斯. 马克思恩格斯全集（第三卷）[M]. 中共中央马克思恩格斯列宁斯大林著作编译局，编译. 北京：人民出版社，1960：330.

理论，集中体现了马克思主义社会发展观，这一理论的引入为揭示教育的发展过程提供了科学的理论依据，同时为高校协同育人提供了重要的方法论指导。高校应充分挖掘各类课程中所蕴含的思想价值及其精神内涵，以全面推进课程思政的建设，在这一过程中，以实现学生自身的自由而全面的发展为目标，贯彻以学生为中心的理念，可以使学生在获得专业知识的同时又能坚定理想信念，发展自身个性，从而实现全面发展。在实现方法和最终目标上，课程思政与人的全面发展学说具有极高的相似性，极大地体现了具有中国特色的新型教育理念。因此，马克思主义关于人的全面发展学说可以作为课程思政建设的有力支撑原理之一。

（二）习近平总书记关于教育的重要论述

在实现中华民族伟大复兴的历史进程中，中国共产党一贯高度重视高等教育工作和高等教育事业，在不同阶段根据我国的实际教育情况对我国高等教育理论不断地进行完善和扩充，从而形成科学的教育理论和教育方法。

教育是党的事业未来发展的重要保障，是国家繁荣富强的根本基石，是民族复兴的奠基工程。进入新时代以来，习近平总书记多次对教育展开详细论述。习近平总书记关于教育的重要论述为中国特色社会主义教育事业提供了强大的理论支撑，是新时代背景下我国指导理论与时俱进的具体体现，是马克思主义中国化的最新理论成果，体现了我们党对以人民为中心的发展思想和以落实立德树人根本任务的坚定遵循。党的十八大以来，习近平总书记将教育摆在各项工作的重要位置，发表了一系列深刻的、系统化的论述，科学地回答了培养什么人、如何培养人和为谁培养人这些重点问题，进一步规划了中国特色社会主义教育发展方向，为新时期加速推进教育现代化、做好德智体美劳全面发展的素质教育工作提供了正确的科学指南。2016年12月，习近平总书记在全国高校思想政治工作会议上指出："高校思想政治工作关系高校培养什么样的人、如何培养人以及为谁培养人这个根本问题。"[①] 习近平

---

① 习近平.把思想政治工作贯穿教育教学全过程 开创我国高等教育事业发展新局面[N].人民日报，2016-12-09（1）.

总书记指出"把思想政治工作贯穿教育教学全过程，实现全程育人、全方位育人，努力开创我国高等教育事业发展新局面"。思想政治工作是学校所有教育教学工作的"生命线"，无论是教学活动，还是管理工作，都要将思想政治教育工作贯穿其中，化为日常。

推进课程思政就要以习近平总书记关于教育的重要论述为理论支撑，坚持科学联系实际的方法，促进思想政治教育的有效开展。党的十八大以来，习近平总书记关于教育召开的工作会议和讲话精神为我国教育事业全新发展所取得的历史性成就提供了根本指针，也为新时代中国教育的改革明确了战略目标和任务，指明了道路和方向，吹响了实现中华民族伟大复兴的教育号角。同时，对建设教育强国、推进教育现代化指明了科学的行动指南和现实路径，为新时代教育事业的推进提供了行动指南和根本遵循。

（三）党和国家关于开展课程思政的政策文件

早在 2004 年 10 月，中共中央、国务院印发的《关于进一步加强和改进大学生思想政治教育的意见》中，就已经明确了高校各门课程都具备育人功能，所有教师都肩负育人职责。2017 年 9 月，中共中央、国务院印发的《关于深化教育体制机制改革的意见》中指出，要健全"三全育人"的体制机制，充分将各门课程所蕴含的德育元素深入挖掘。2016 年 12 月，习近平总书记在全国高校思想政治工作会议上强调："各类课程与思想政治理论课同向同行，形成协同效应。"2017 年，教育部正式推动以"课程思政"为目标的课堂教育教学改革。至此，课程思政教育教学改革实践开始全面在全国各高校推广。2019 年 10 月，教育部印发的《关于深化本科教育教学改革 全面提高人才培养质量的意见》指出，把课程思政建设作为落实立德树人根本任务的关键环节，充分发掘各类课程和教学方式中蕴含的思想政治教育资源，建成一批课程思政教学研究示范高校，引领带动全员全过程全方位育人。2020 年5 月，教育部印发《高等学校课程思政建设指导纲要》（以下简称《纲要》），强调了推进课程思政建设的重要意义，明确了课程思政建设的目标要求、内容重点、实施路径和工作要求等内容，为各高校推进实施课程思政建设提供了方向。《纲要》的颁布实施，不仅为高校在开展课程体系建设、教师意识和能力提升、评价和激励以及保障体系等方面提供了遵循指南，还能够以规范化和科学化的标准来促进课程思政的建设。目前，有越来越多的高校参与课程思政的建设工作，其基于自身办学特色，构建了独具本校特色的课程思政建设体系，将新时代高校思想政治工作提升到了新的高度。

三、思政课程与课程思政的关系

（一）思政课程是思想政治教育的主渠道

2019年3月，习近平总书记在学校思想政治理论课教师座谈会上的讲话中指出，思想政治理论课是"落实立德树人根本任务的关键课程"。思政课程是铸魂育人的核心课程，在高校思想政治工作中具有不可替代的地位和作用。思政课程以马克思主义理论学科为支撑，专注于课程内容的理论方面教育，进行系统的思想教育，具有明显的意识形态特征。思政课程是一个系统的课程体系，我国高校通过思政课程对学生展开系统的思想政治理论教育。思政课程作为实现立德树人根本任务的关键课程，思政课教师则是有着以思政课程发挥育人作用的关键主体。大学生的价值观尚未完全成熟，需要全面科学化、合理化的悉心教育引导，思政课程在帮助学生用科学的世界观和方法论解决问题等方面发挥着重要作用。高校思政课程建设要求坚决贯彻党的教育方针，旗帜鲜明地对党的意识形态、思想理论、政策路线进行宣传教育。思政课程是传播马克思主义意识形态的重要途径，是高校坚持把握正确办学方向不动摇的根本保证，可以通过思政课程的建设发挥良好的示范引领作用，来加强各大高校的思政课程建设。

（二）课程思政是思想政治教育的新形态

课程思政理念下，专业课程不再仅仅是向学生传授专业知识，还要深入挖掘课程背后所承载的思政元素，使大学生在接受专业课知识和技能的同时受到积极思想的熏陶。思政课程作为传播社会主流价值观的主要渠道，目前虽然取得了一定成效，但是过度地对学生进行思想灌输会适得其反，学生会在一定程度上产生逆反、反感心理，从而容易萌生出不乐意学习思政课程的想法。课程思政是一种综合性的教育理念，它要求所有教师在专业知识的传播和教授中有意识地对学生进行思政教育，实现价值引领、知识传授、能力培养三者的有机融合。在此过程中，教师要讲求思想引领和价值引导，将智育与德育相结合，以思政教育为内核，把价值引领贯穿各类课程之中，使学生以间接的形式受到感染后从而更加坚定理想信念。

（三）课程思政与思政课程构建育人共同体

长期以来，思想政治教育像是一座孤岛，思政课教师存在孤军奋战的现象。思政课程对大学生的思想政治教育具有重要意义，其在育人方面取得了一定效果，但是思想政治教育仅仅依靠思政课程是不够的，除思政课程这一主渠道外，还需要有其他力量的配合，才能有效提升高校育人的效果。课程思政的建设可以有效地破除这一局面，在未来与思政课程携手同行、共生发展。

1. 课程思政与思政课程具有共同的价值追求

课程思政作为高校思想政治教育的新的尝试，通过对专业课程所承载的思政元素的挖掘，在一定程度上缓解了大学生对传统思政课程的抵触心理。在课程思政的理念下，专业课程与思政课程相结合，对大学生进行全方位的思想政治教育，进一步推动了价值引领与知识传授的统一。思政课程是一个以显性方式进行意识形态教育的课程，而课程思政则是以隐性方式进行思想政治教育的课程，课程思政不仅要弘扬我国的社会主义核心价值观，还要在此基础上实现教书与育人的有机统一。2014 年 5 月 14 日，习近平总书记在北京大学师生座谈会上指出："青年的价值取向决定了未来整个社会的价值取向，青年又处在价值观形成和确立的时期，抓好这一时期的价值观养成十分重要。"高校要重新审视和准确把握课程思政的功能和特点，要使学生不仅可以娴熟地掌握专业知识技能要领，还要提高做人的基本素养，以新时代下成为内外兼修的人才为标准严格要求自己。高校还要将课堂教学建设成为铸魂育人的高质量场所，在这个场所中不仅仅教会学生书本上的知识，还要克服重重困难，建构教书与育人的有机统一的教学模式。

课程思政要将各类课程中隐含着的思想政治教育元素和资源融入课堂教学，在课程思政的教学过程中，要着力展示思想政治教育的价值理念和精神追求，做到与思政课程贯彻的价值理念和精神追求相协调，使学生不仅坚定其人生的理想信念，还能树立正确的世界观、人生观和价值观。思政课程虽然是实现落实立德树人根本任务的关键课程，但其只是具有育人作用的课程之一，必须意识到其他各类课程同样秉持着"守好一段渠，种好责任田"的责任和规范，同样具有育人的作用。无论是课程思政还是思政课程，都强调学生的全面发展，强调学生综合素质和综合能力的全面提升。同时，课程思政建设还强调要精准把握中国特色社会主义的内涵、关于中国梦和社会主义核心价值观的教育以及弘扬中华民族优秀传统文化的教育等方面的内容，但其主导思想来源于思政课程教育教学。因此，在政治方向上，思政课程又引领着课程思政的建设。

2.课程思政与思政课程具有共同的活动主体

课程思政指的是要在各个高校中全体在校大学生的专业性知识的课堂教学中融入思想政治教育，而"思政课程"指的是在系统性、整体性的教学活动中为在校大学生提供思想政治理论教育。可以看出，二者在高校的教育教学活动中，其实践活动的主体都是在校大学生。教师作为教学活动开展的引导者和负责者，他们也是教学活动的主体，是不可或缺的重要组成部分。但是需要注意的是，不同专业的学生其知识体系不同，学习知识的侧重点也不同，因此，老师作为教学活动的主体，要根据群体或者个体的自身特质和优势，对学生因材施教。在高校中不同专业的学生群体，其固有的思维方式和行为模式存在较明显的差异性，教师应该对其进行针对性的授课，才能从整体上提升学生的综合素质以及促进学生的全面发展。

思想政治教育不仅是思政课教师的职责，还是各类课程教师的职责。随着社会思想多元多变的特征日益明显，社会各类信息良莠不齐，这就要求专业课教师承担起育人责任，在"教书"的同时"育人"，引导学生正确认知中国特色和培养世界视野，将自我价值的实现与民族复兴相联系，正所谓，浇花浇根，育人育心。如若第一粒扣子扣错了，剩余的扣子都会扣错。因此，专业课教师应不断提升育人意识与育人能力，将思政元素融于专业课程之中，使思政课程与各类课程相联系，从而勾连起各类课程更紧密的育人体系。通过从思政课教师与专业课教师两个育人主体入手，从思政课程与专业课程两个方面育人，进而构建更高品质的育人共同体，塑造有理想、有信念、有本领、有担当的新时代中国青年。

3. 课程思政与思政课程协同育人

思政课程与课程思政二者作为一种新型教育理念，可以构建育人共同体，实现协同育人。即在思想政治教育这一大系统中，发挥思政课程、综合素养课程、专业课程、实践课程等子系统的协同作用，通过在高校的教学模式中贯彻实施课程思政，真正实现思政课程与课程思政同向同行、同心合力，最终完成立德树人的根本任务。协同育人本身就是思政课程和课程思政的一种教育责任，教师应着力做好学问之师、品行之师，为学生树立共产主义远大理想而努力奋斗，承担时代责任和明确历史使命。协同育人也是一种思政课程和课程思政共有的综合性的教育方法，教师应通过这种方法，积极探索学生成长、教育教学等本质规律。

协同育人是一项系统工程，此工程的实施离不开多方力量的支持与参与。课程思政是一种新的教育理念，通过思政元素在其他各类课程之中的渗透，潜移默化地对大学生进行思想政治教育，使学生在一种无意识的状态下接受主流意识形态教育。立德树人根本任务的完成并不是在朝夕之间，而是一项系统性的复杂工程，需要来自各方面的深度配合，但是要始终以思政课程为中心，发挥好课程思政与思政课程协同育人功能。

第二节　课程思政的内容重点

课程思政建设工作应在马克思主义思想的指导下，深入探索和发掘学科中涉及政治认同、法治观念、道德品质以及家国情怀等方面的隐含素材。对学生进行理想信念、传统文化和道德法治等教育，发挥隐形元素的教育作用，引领学生的价值导向和意识形态导向，对青年学生价值观的塑造产生影响，完成专业知识钻研与品德修养的结合。《纲要》规定了课程思政的内容重点，主要包括以下三个方面。

一、理想信念教育

当代青年在国家建设发展中发挥了重要作用。青年是国家的未来和希望，他们的政治观念和理想信念是否正确和坚定，关系到社会主义事业能否繁荣和发展。政治观念的正确性和理想信念的坚定性，是青年一代在成长过程中需要重视和培养的重要素质。这不仅关乎中国梦的实现速度，也关乎中国式现代化建设的质量。因此，对青年人开展理想信念教育，是培养社会主义接班人的应有之义。课程思政融入所有学科教学的各个环节，理想信念的教育无处不在，无时不有，是学生成长发展的精神之"钙"。

（一）习近平新时代中国特色社会主义思想

在新时代背景下，引导大学生认同中国特色社会主义和实现中华民族伟大复兴的中国梦，是进行理想信念教育的主要目标。过去，这项教育的实施主要依赖于思想政治理论课，但实际上，当前的实现效果与预期存在着一定差距。因此，我国政府和教育部门更加注重课程思政建设，将中国特色社会主义教育作为"课程思政"的关键部分来推动。同时，学校教授的其他课程在知识传授与立德树人的过程中，应承担起对大学生进行社会主义教育和实现伟大复兴中国梦教育的重要使命。在课程中融入中国特色社会主义元素，不仅明确了这些课程的政治导向，也为我国高等教育的社会主义发展方向提供了有力保障。

要引导大学生群体认同习近平新时代中国特色社会主义思想的科学性、有效性、全面性，并自觉维护其坚定的指导地位。此外，要明确习近平新时代中国特色社会主义思想的核心要义是要坚定不移地坚持和发展中国特色社会主义，广大青年学生通过学习能够对习近平新时代中国特色社会主义思想具备客观的判断及清醒的认识，其从本质上来说，也是对中国特色社会主义的根本认同。

习近平新时代中国特色社会主义思想继承了马克思主义科学的世界观和方法论，实现了马克思主义与中华优秀传统文化的创新融合，是马克思主义与中国具体实际相结合的又一次历史性飞跃。作为政治观念的引领，学习习近平新时代中国特色社会主义思想，能够引导学生利用马克思主义的立场将习近平新时代中国特色社会主义思想入脑入心，是开展新时代学校教育和立德树人工作的重要组成部分。高校应全面增强广大青年的政治认同，帮助青年深刻领悟"两个确立"的决定性意义，增强"四个意识"、坚定"四个自信"、做到"两个维护"。坚定青年理想，不忘初心，才能从根本上保证中国特色社会主义不变质、不变色。

在快速发展的新时代中，高校更要注重对大学生的政治理论教育。《高等学校课程思政建设指导纲要》提出："推进习近平新时代中国特色社会主义思想进教材进课堂进头脑。"要通过课程思政的建设，不断增强新时代大学生对党的创新理论的认同，将党和国家的先进理论润物细无声地渗入大学生的心灵中、头脑中。高校开设的各类课程，都要将习近平新时代中国特色社会主义思想作为一项重要的思想政治教育元素融入课堂，课程教学是高等院校进行立德树人的主要渠道，教师应根据不同学科特点，实现习近平新时代中国特色社会主义思想的有机融入。

（二）社会主义核心价值观

社会主义核心价值观的培育和践行是一个长期的系统工程，不可一蹴而就，也不能单纯依靠学校的力量，而是需要全社会的共同努力。榜样的力量无限大，能够引领社会风尚，唤起大众责任感。教育的核心是价值观的塑造，所以在推进中国式现代化的进程中，不可轻视的重要任务就是核心价值观的培育。社会主义核心价值观以其独有的生命力、凝聚力、感召力，提高了中华优秀传统文化的影响力，使我国具备了引领世界文化先锋的思想力量。我们应将课堂作为主要途径，充分发挥社会主义核心价值观对国家进步与发展的价值导向作用，培养学生的国家认同感和民族自豪感，积极塑造良好的国家形象，全方位地推动并提高国家影响力。

在新时代背景下，高校教师对大学生进行价值观教育的过程中，除思想政治教育外，还需要持续对新时代大学生进行科学价值观教育，将社会主义核心价值观融入其他各类课程中，帮助他们解决个人价值与社会价值的冲突，引导他们进行正确的价值选择，全面提升他们的素质，增强他们对社会的认同感。将社会主义核心价值观的教育融入各类课程中是新时代大学生健康成长的必然需求。高校教师在课程中要全面引导学生提升正确面对和分析当前的社会热点问题的能力，要帮助新时代的大学生从正确价值观的角度理解和认识多样化的社会现象和观念，对社会的复杂性和多元文化思潮采取客观评价的态度，将社会主义核心价值观与教学难点相结合，进而弘扬文化领域的主旋律。

社会主义核心价值观是全社会认同的批判性的多元价值观念、理性辨析社会思潮的根本价值尺度，是经过全体人民共同认可的价值观层面的"最大公约数"。如今，经济与社会高速发展和多重变革所带来的社会变迁已经逐渐对社会格局与经济结构产生了不同程度的影响，也影响了大众的社会心理、思维方式和价值观念。来自社会的种种舆论杂音和复杂思潮，导致了严重的信任危机，有关公平正义缺失、道德冷漠等消极的社会现象给人们带来了严重的思想侵害。这些现象逐渐渗透进学校中，对学生的思想观念和道德认知产生了极大的影响。在这样的情况下，课程思政发挥了主流价值体系的引领作用，能够使国家倡导的价值观念深入学生内心，涵养学生的道德品质。

二、传统文化教育

习近平总书记指出，"一个国家、一个民族的强盛，总是以文化兴盛为支撑的，中华民族伟大复兴需要以中华文化发展繁荣为条件"。[①] 文化反映

---

① 民族伟大复兴要以中华文化发展繁荣为条件：学习领会习近平同志在山东考察时重要讲话精神 [N]. 光明日报，2013-12-04（16）.

了一个民族的根基，是精神的向往、内心的信仰和向上的动力。中华优秀传统文化是指中华民族在长期历史演变中形成、发展，并最终传承下来的具有稳定形态的文化。中华民族的优秀传统文化是民族的"根"和"魂"，深深植根于国民心中，代代相传，对中国人的思维方式和行为规范产生了深远影响。中华文明之所以延续不断，正是因为形成了以优秀传统文化为核心的民族精神，它赋予了中华民族伟大的生命力和凝聚力，为中华民族的复兴提供了丰富的养分，是中华民族的精神瑰宝。在推动课程思政的过程中，广大教师要积极将中华优秀传统文化贯穿教育教学的全过程，实现两者的深度融合。要将中华优秀传统文化、红色革命文化和社会主义先进文化融入大学生的思想政治教育中，推进大学生思想政治教育工作的具体实践。

中华民族拥有五千多年的历史，蕴含了丰富的思想内涵，积淀了深层次的精神追求和独特的文化标识，中华文化是经过历史考验的民族文化精华，传统文化之所以成为传统、得到大多数人的认同，是因为它们在历史过程中对国人的思想、行动和文化产生了指导意义。中华文化是区分中华文明与其他文明的标志，传统文化是一个民族民族特色、民族精神的代表。中国是世界四大文明古国之一，由于外族侵略和西方殖民等缘故，古巴比伦、古埃及、古印度三大文明都相继中断和消亡，只有中华文明和中华文化源远流长，并一直传承发展至今，越来越显示出其强大的生命力和活力。中华优秀传统文化的多元性体现了中华民族独特的智慧与创造力，为世界文化的多样性和丰富性做出了重要贡献。在今天，弘扬中华优秀传统文化，需要人们在传承和发展中充分挖掘和利用这些多元文化资源，以提高国民文化素养，增强人们的民族自豪感和凝聚力。中华优秀传统文化以爱国主义为核心，其思想精华包括"天人合一"的生命哲学、自强不息的担当精神、"和而不同"的和谐思想、"民惟邦本"的民本思想以及"止于至善"的崇高追求。中华文化的重要性在于它对于民族精神的凝聚、民族特色的保持、民族自信心和归属感的增强、社会经济的发展以及人的全面发展和历史传承等方面都具有深远的影响。

中华优秀传统文化拥有独特的价值体系。近现代以来，中华民族100多年的奋斗史和发展史无可争议地证明了一个事实：中华民族是伟大的、不可战胜的民族。无论经历何种磨难，中华民族总能自强不息，在挫折中重新崛起，即使从辉煌走向低谷，又能在屈辱中重新站起，代代传承着中华民族生生不息、百折不挠的昂扬锐气。正是以爱国主义为核心的民族精神和一脉相承的中华优秀传统文化，塑造了中华民族历经磨难而屹立不倒、久经考验而不屈的民族性格。因此，高等教育中的"课程思政"建设，需要提升文化自信教育，需要强化文化自觉，让学生深刻感受到中华优秀传统文化的强大凝聚力，深入理解其内在思想精髓，帮助学生成就自我，不断进步。

国家与民族的长远发展需要包容多元文化，中国历史上也积极吸收国外优秀文化，促进社会进步、科技交流与创新。中华优秀传统文化为人类发展贡献了中国智慧与中国方案。中国共产党不断推动马克思主义中国化的理论创新进程，创立了毛泽东思想、邓小平理论、"三个代表"重要思想、科学发展观和习近平新时代中国特色社会主义思想，为党和人民的事业发展提供了科学理论指导；百年来，中国共产党在实践中，不断将中华民族的文化基因与现代文化相融合，挖掘中华优秀传统文化，让其与社会发展相适应。通过弘扬中华民族精神，中华优秀传统文化跨越国界，彰显了当代价值和永恒魅力；百年来，中国共产党的创新理论丰富了中华优秀传统文化的理论意蕴，提升了中华优秀传统文化的时代价值，推动了中华优秀传统文化的创造性转化和创新性发展，通过让中华文明与世界各国家文明相互交融，为全人类提供了多元文化和文明。

自古以来，中华民族一直秉持合作共赢的理念，在对外交往中强调"和平至上"，主张"尊重和谐""和谐共生""四海之内皆兄弟"，逐渐形成了持重、稳健、温和的民族特质。然而，在现代社会的发展过程中，人与人之间、人与社会之间、人与自然之间、人与自我之间以及不同文明之间仍然存在着一些矛盾和冲突。中华民族优秀传统文化是文化自信的坚实基础，其形成经历了悠久的历史，其多元性体现了中华民族独特的智慧与创造力，为世界文化的多样性和丰富性做出了重要贡献，是坚韧精神的象征，是中华民族永恒的"根"和"魂"。中华优秀传统文化凝聚了中华民族的精神品质。在民族危急时刻，中华民族精神凝聚了国人永不妥协、永不屈服的力量，推动我国历史不断向前发展。

在新时代，强化青年对中华优秀传统文化的认知与理解，不仅是当前的紧要任务，更是百年大计；不仅有功于当代，也将造福子孙，增进人类共同福祉。通过课程思政建设，希望学生能够深刻领悟中华优秀传统文化的深刻内涵，将中华优秀传统文化的精髓内化于心，外化于行。

三、道德法治教育

道德法治教育是全面提高国民素质的重要组成部分，也是构建社会主义法治国家的基础性工程。2017 年 5 月 3 日，习近平总书记在中国政法大学考察时的讲话中指出："法治和德治两手抓、两手都要硬，高校要有效展开青年的法治思想和法治观念教育工作，同时提升青年的道德修养水平。"高校课程思政建设肩负着重要使命与责任，习近平总书记重视青年的教育与发展，先后对青年的道德法治教育进行了一系列的阐述，这对高校培养学生的法律和道德认知水平具有指导性作用，也对高校的课程思政建设提出了更高的教育要求。

"国无德不兴，人无德不立。"[1] 道德教育与知识教育是不可分割的，二者需要实现一体化。高校教师应牢记促进学生的全面发展是实施素质教育的重要目标。在我国的高等院校教育教学中，教师不仅要教授学生如何做事，更要引导学生如何做人，从而培养德才兼备的时代新人。通过培养学生的道德观念、道德情感、道德行为和道德习惯，学生在社会生活中能拥有良好的道德品质。在进行课程思政建设时，教师应重视道德教育的各个方面，通过引导和教育，使学生具备正确的价值观和人生观，为国家培养德智体美劳全面发展的社会主义建设者和接班人。在新时代背景下，专业课教师应将社会公德、职业道德、个人品德等价值观融入专业课程中，对大学生进行道德熏陶，提升他们的道德修养。

---

① 习近平 . 青年要自觉践行社会主义核心价值观：在北京大学师生座谈会上的讲话 [N].
人民日报，2014-05-05（2）.

社会公德教育。社会公德反映了一个国家的文明程度以及民族素质的高低。新时代的大学生肩负着民族复兴和国家繁荣的重任，是社会建设的中流砥柱，他们的素质水平直接影响着未来中国的文明程度。因此，对新时代的大学生进行公德教育，有助于大学生树立正确的价值观和道德观，培养良好的道德品质，从而提升自身的道德素养；有助于大学生形成健康的人格，具备良好的社会适应能力，更好地融入社会；有助于培养大学生的社会责任感，使他们更加关注社会问题，积极参与社会公益事业，为国家和社会的发展贡献力量。但仅仅依靠理论教育并不能达到公共道德教育的目标，还要利用新的教育方式来完善公德教育，具体而言，需要通过课程思政建设，让专业课教师在授课过程中将公德元素融入知识传授和能力培养中。专业课教师深入挖掘专业知识背后所蕴含的社会公德元素，并将社会公德的基本要求渗入专业课程中，这对于促进大学生个体的健康成长以及社会的精神文明建设也具有重要意义，能够为新时代大学生树立崇高的价值观起到积极的推动作用。对学生进行思想政治教育，要保持更高的政治站位，具体实践要从小事做起。端正思想态度，严格自我管理，以德正身，以德促学。

职业道德教育。"敬业"是社会主义核心价值观个体层面的价值导向中的重要部分。长期以来，在我国高等院校，大学生的职业道德教育在某些课程中有所体现，但并未全面融入各门各类课程中，其效果并不理想。大学生的总体职业道德状况呈现良好的趋势，但仍然存在一些问题，这就要求高校对学生开展职业道德教育。其中，教师应发挥重要作用。教师要注重个人修养，教师的"言传"与"身教"都会对学生价值观念、道德素养、职业取向产生影响。为此，高等教育领域的专业教师都应该践行身正为师的职责，巩固专业技能，尽职尽责，恪守师德师风。专业课教师要强化职业使命感，以身作则，实现职业道德教育全课程化。此外，专业课教师可以通过先进人物事迹的学习来提升职业责任感，将敬业爱岗、无私奉献的职业品质和行为准则深深地植入思想观念中，并让学生体会到专业的职业信仰和严谨的职业标准。

个人品德教育。提升大学生品德有助于他们形成健康的人格，树立正确的价值观和人生目标。具备高尚品德的大学生能够在学习和工作中保持积极向上的态度，更容易实现自身价值，为社会做出贡献。提升大学生的个人品德，使其成长为德才兼备的新型人才是新时代我国高等院校面临的重要任务之一。高校应当重视大学生的品德教育，在推进课程思政建设中，通过采取多种形式和方法，培养具有高尚品德的大学生，为国家的法治建设和社会主义事业贡献力量。

尽管素质教育理念已经提出多年，但我国高校还一定程度上存在重视专业知识教育，忽视个人品德教育的倾向，部分高校仍然受到传统思想的制约，导致德育工作陷入困境。大学生品德建设有助于他们更好地适应社会，建立良好的人际关系。具备良好品德的大学生能够得到他人的尊重和信任，在工作和生活中保持积极向上的态度，更好地适应社会，从而更好地承担起相应的社会责任。因此，我国高校应该改变重视专业知识教育，忽视个人品德教育的倾向，深入分析知识教育与品德教育脱节所带来的危害，进而以推进知行合一教育，以立德树人为核心，将大学生的个人品德建设放在突出位置。

宪法法治教育。全面依法治国是我国国家治理体系和治理能力现代化的重要内容。法治教育可以帮助大学生树立正确的价值观，预防犯罪行为的发生。大学生处于人生的关键时期，他们的世界观、人生观和价值观尚未完全形成。通过法治教育，学生可以了解犯罪的法律后果，从而自觉抵制犯罪行为，为维护社会和谐稳定做出贡献。在我国高等学校的课程思政建设中，专业课教师在传授知识和培养能力的过程中，应注重培养大学生的宪法法治意识，让他们认识到法律在日常生活中无处不在，并在遇到难题时及时运用法律手段维护自己的合法权益。同时，教师还可以引导大学生将法律视为内心的信仰，将国家和人民的利益作为自己学习和研究的最终目标，杜绝滥用科研成果，为个人私利而肆意妄为，甚至危害人民的生命财产安全的行为。通过深入宣传以宪法为核心的中国特色社会主义法律体系，教师可以将有法律元素的专业知识内化，进行普法教育，从而增强学生对法律的心理认同。

广大青年学生是我国未来发展的主力军，是我国社会主义建设者和接班人。他们肩负着新时代的历史使命，是我国社会进步的重要力量。高校教师要引导学生学深悟透习近平新时代中国特色社会主义思想，培养学生良好的思想品德，通过开展课程思政建设与实践，将大学生培养成为能够肩负起治国理政重任的有为之才。

第三节　课程思政的实施策略

在课程思政建设的实施过程中，高校要坚持社会主义办学方向，落实立德树人根本任务。在实施过程中，要做到课程思政与思政课程同向同行，显性教育与隐性教育和谐统一，并将价值引导贯穿教育教学始终。

一、课程思政与思政课程同向同行

习近平总书记在全国高校思想政治工作会议上强调，"提升思想政治教育亲和力和针对性，满足学生成长发展需求和期待，其他各门课都要守好一段渠、种好责任田，使各类课程与思想政治理论课同向同行，形成协同效应。"① 思政课程是一项系统地、全面的创新举措，具有强烈的政治性、鲜明的中国特色，有明确的教学目标和具体的课程内容，在时代的大背景下与国家命运和需要紧紧地联系在一起；课程思政则是一个更为复杂，涵盖内容更加丰富的系统，其不仅涉及多个学科的知识体系，还要附着在各门学科、各类专业之中，在一定程度上，课程思政可以有益地补充和丰富思政课程的知识和实践体系，其不仅着力于专业课程知识的传授，还将通识课程和实践课程等各门课程融会贯通，以更加深层次和全面性的内容为高校提供育人的基本方法。推进高校课程思政建设，就要使高校确立同向同行教育目标，使思政课与其他课程形成协同效应，共同承担立德树人的根本任务。

从方向上来看，思政课程与专业课程的育人方向要一致。课程思政与思

---

① 习近平. 把思想政治工作贯穿教育教学全过程 开创我国高等教育事业发展新局面 [N]. 人民日报，2016-12-09（1）.

政课程都以育人思想为核心，任务和目标具有共同性，方向和功能具有一致性。课程思政与思政课程要准确把握各自的特点，发挥各自优势，共同实现思想政治教育的目的，思政课程与专业课程的实践方向要一致。二者在实际的课程教学中要通过启发式、激励式、引导式等不同的教学方法，把理论教学与实践教学紧密联系起来，在课程教学中除了传授专业知识技能和理论，还要融入思想政治教育等思维层面的教学，要充分利用好课堂教学这个主渠道来实现思想价值的引领。基于此，思政课程与课程思政在未来的发展中都要始终坚持社会主义办学方向，以培养时代新人的伟大使命为己任，实现共同发展。要辨析立德树人之根本任务。在新时代，高校必须严格坚守立德树人这一教育原则，而高校中的教师队伍应始终把立德树人这一根本任务放在教学首位，以显性教育和隐性教育相结合的方式对学生进行思想政治教育，增强学生的"四个自信"。思政课程与课程思政都以高校育人为自身发展的重要使命，思政课程要发挥示范引领作用，课程思政应显示出其深化和协同方面的重要作用。思政课程的核心是培养学生形成正确的世界观、人生观和价值观，思政课程与课程思政的同向而行应该以思政课程为引领，以课程思政为拓展和深化，强调二者在实践过程中的相互配合、相互调适。因此，思政课程与课程思政协同联动机制的构建，能够助力于高质量人才培养目标的实现。

思政课程教师与专业课程教师要加强合作交流。高校思想政治教育的本质要求不仅包含思政课程，还包含了课程思政，作为完成根本任务的前提和保证，其所肩负的责任使命也相一致。这就需要高校教师之间做到相互配合、共同努力、勇担责任。思政课程与专业课程之间需要形成协调效应，需要建立有效的机制和平台，以加强思政教师与其他课程教师的交流，形成推动课程思政教育教学改革的协调机制和各学科体系间任课教师的交流沟通联通机制。教师要坚持以学生为中心的原则，在日常的行为工作中做到紧紧关注学生、密切联系学生、积极帮助学生，以学生的思想品德、政治意识、文化素质的提高为己任，促进学生身心健康的全面发展。教师还要遵循教书育人的规律、学生成长的规律等教育教学的基本规律，在思政课程与课程思政同频共振的基础上，发挥协同育人的作用和优势。在日常的教学工作中，思政课教师应该发挥自己的专业价值，参与教材的二次开发，帮助专业课教师开展"课程思政"建设。专业课教师应在专业思政教师的指导下进行思政教学内容的选择，重点挖掘专业课程中隐含的思政元素，在与专业思政课教师共同审视思政教育内容的同时，完善教学策略，初步构建教学资源共享的教育体系。专业课教师在专业领域具备的优势是思政课教师所缺乏的，这也是思想政治教育所需要的，专业课教师能够为思政课教师提供素材支持，思政课教师为专业课教师提供理论支持，二者高度契合。此外，思政课教师还应加强与其他学科教师的合作，如合理整合教育资源、利用好多样化的网络平台，在此基础上进行更深层次形式的教学合作。因此，要做好马克思主义学院与各学院的"课程思政"建设的对接工作，建立"专业课教师＋思政课教师"团队，做到精准思政，形成育人合力，共同做好学生的价值观引导工作，促进立德树人根本任务的完成。

思政课程与专业课程之间要建立共享机制。当前，思政教育的实施已经深度融合了思政课与其他学科的教学，思政学科与其他学科的协同育人模式也有所创新，但思政教育还是存在育人效果不明显的问题，究其原因，主要是由于思政课程与其他课程在融合过程对具体思政内容的把握不够准确而导致的。因此，需要保证思政课程与课程思政在内容上的一致性，只有这样，才能最大限度地发挥协同育人作用。思政课程紧跟形势发展、把握中央精神等方面的属性决定了其始终走在其他各类课程前面，而课程思政的多学科性和专业性也可以不断丰富思政课程的教育教学内容，二者在功能上可以相互补充、在方法上可以互相借鉴。就思政教育的具体内容而言，高校可以有针对性地建设思政资源共享平台，准确把握协同育人的内容和目标。马克思主义学院、教学管理部门和相关院系要形成可持续发展的工作机制，这个工作机制是基于思政育人这一共同目标来共同建设、共享成果和共同发展而形成的。各部门在发挥自身的职能和责任的基础上，有机结合思政课程与课程思政，做好思政课程与课程思政建设的政策解读和教育宣传，确保课程育人的正确导向和有效实施。课程教学要结合思政课程，从教学内容及学科的不同专业的历史溯源、时代特点、实践特征上着手，从社会文化思想等方面挖掘各类课程中隐含的思政资源；通过直接参与课程思政建设项目，结合课程思政来深入了解、推进融合各类课程与社会主义核心价值观教育、中华优秀传统文化教育之间相互关联的内容。

高校全面推进课程思政建设，应从整个大格局上积极构建思政课程与课程思政同向同行、合力发展，形成众多课程思政与思政课程协同合作的创新平台和工作机制，促进新时代高校思想政治工作的创新。

二、显性教育与隐形教育和谐统一

2019 年 3 月 18 日，习近平总书记在主持召开学校思想政治理论课教师座谈会时提出了"八个统一"，为当前构建高校思想政治教育改革创新指明了发展方向。其中，"要坚持显性教育和隐性教育相统一，挖掘其他课程和教学方式中蕴含的思想政治教育资源。"[①] 高校在开展课程思政建设中，应坚持显性教育模式与隐性教育模式有机结合，共同发展，发挥显性教育和隐性教育各自独特的育人优势和作用，全面提升立德树人水平。

显性教育和隐性教育的不同特征。显性教育作为一种现实存在的教育方法，在高校思想政治教育过程中存在已久，并长期占据着主导地位。20 世纪 90 年代初，显性教育才真正作为一种概念被提出来。"显性教育是指正规的课堂教育，有一定的计划性，教育方式一般以灌输为主，具有一定的直接性、公开性和强制性。"[②] 显性教育的本质特征包括以下三点：首先，显性教育与教育者和受教育者密切相关。显性教育与教育者和受教育者之间存在着紧密的联系，但是二者之间又存在着对立关系。当教育者变成积极主动的一方时，受教育者就成了矛盾体中的消极被动的一方。在接受知识时，人们往往忽略了被动的一方，因为它们仅仅以合作和参与的角色来被动地接受教育。其次，显性教育具有明显的目的性，具体表现为教学内容能够按照既定

---

① 习近平.用新时代中国特色社会主义思想铸魂育人 贯彻党的教育方针落实立德树人根本任务 [N].人民日报，2019-03-19（1）.

② 陈志章.美国社会隐性教育研究 [M].北京：中国社会科学出版社，2017：1.

的程序进行。在现实生活中，高校思政教育已经变成了一门理论性很强的实践课程，它具有很强的计划性。因此，高校开展思想政治教育，成为培养优秀人才的重要途径，也是实现立德树人根本任务的重要方式。这个特性，是思想政治理论课教学完整性、系统性的保障。最后，大学思想政治课具有直接性、公开性等鲜明的特征。因此，思想政治理论课逐渐成为大学生思想政治工作中最为直接、最为有效的一门课。大学思政课教师以最直接的方式向学生讲授知识，这就是显性教育强制性特征的体现。

相对于显性教育而言，隐性教育在大学思想政治教育中也具有不可取代的作用，但是仅仅就理念而言，它更注重对学生的思维和心理的潜移默化的影响，也是整个教学过程中必不可少的一个环节。然而，隐性教育并非如显性教育那样清晰明了，其要通过多种隐性的潜在形式，将思想内容不断地渗入，从而让受教育者接受思想政治教育。与显性教育相比，隐性教育具有如下特点：第一，受教育者的主观能动性更强。不同于显性思想政治教育对受教育者的主体性的压制，在隐性教育中，受教育者的主观能动性更强，他们可以按照自己的需求和要求来选择教育的内容和方法，从而引导自己的教学进程。通过内部的价值标准，受教育者可以审视自己的教育成效，从而实现更好的自我教育，提高思想政治教育的有效性。第二，隐性教育的教学场域是开放的。与以有计划、有步骤、有组织的课程教学为主的显性思想政治教育相比，隐性教育没有固定的地点，学校、家庭和社会都可以作为潜在的教育环境。隐性教育的开放性，使其能够在任何时间、任何地点开展教学，在一定程度上是一种超越时空的教育方式。第三，教育方式的渗透性和潜隐性。高校的显性思想政治教育主要是通过公开的、直接的、灌输性的方式向受教育者传递教育内容，而隐性教育则是通过潜隐的、非正式的方式对受教育者进行渗透。在隐性教育中，受教育者常常处在一种无意识的状态之中，对受教育者来说，教育目的和内容都被掩盖了，但是，这种目的与内容，却是由受教育者自身的感知所得到的。从某种程度上说，它能让受教育者在不自觉的情况下，完成自己的教育活动，从而实现"润物细无声"的效果。

显性教育和隐性教育和谐统一是推进课程思政实效性的需要。除马克思主义理论之外，课程思政还包括很多其他的学科，这些学科中有很多的思政元素，人们应把它们发掘出来，这样才能使课程思政教育更好地发挥其教育功能。所以，教师要擅长在马克思主义的指引下，发掘出学科中隐藏的关于树立政治认同、塑造道德品格、提升法治意识、培养家国情怀的素材，充分利用这些隐性思政元素的教育功能，帮助学生既掌握专业知识，又提高思想道德修养，实现二者的统一。

长期以来，把现成的知识结论灌输给学生是高校开展思想政治教育所采取的主要方式，但这样的教育方式过于强调教育者的主观性，存在教育方法枯燥、课程吸引力小、课堂效率低等问题。因此，课程思政育人要求受教育者的思想政治教育过程要"春风化雨，润物无声"，在尊重受教育者个性的同时令其能够在学习过程中充分发挥主观能动性，培养其独立思考的能力。显性教育由教师组织参与实施，直接以公开的方式对学生开展思想政治教育。隐性教育是指除显性的教育活动之外，在教学或学习实践中，受教育者并不能清楚地感觉到或注意到的一种思想政治教育的方式与类型，这种方法可以在无形之中，对学生的个体思维发展、身体健康等教育内容的途径和过程进行捕捉。它在实践中往往隐藏了教育的目的，并通过隐性的教育方法进行教育，因而隐性教育效果的呈现也通常是隐现的。因此，当代思政教育通常以润物无声的融合方式实现显性与隐性相结合的教育效果。

显性教育和隐性教育要实现同频共振，全面提高育人效果。时代在前进，教育与社会环境也随之发生了变化。人们认知世界的方式越来越多，视野也越来越开阔，对成长发展的要求也越来越高，单纯的显性灌输式的教学方式已经不能满足人们的需要，也不能满足不同层次的人们的发展需求。所以，在新时期，人们应该扩大教育的范围，更注重含蓄的教育。立德树人是高校德育工作的重要内容，也是高校德育工作的重要指南。加强思想政治理论课的思想教育，需要通过明确的哲学世界观、科学的哲学方法论帮助学生对自然界、社会以及人类思考的普遍规律产生正确的认识，从而培养出一套哲学的基本原理与方法，能够自觉地抵制唯心主义和形而上学的侵蚀。隐性教育是指将科学信念、生命信念和工匠精神等人文价值观融入各个学科的知识传授和技能培养之中。每一门课程都要在坚持增强使命担当这一大课程目标的基础上，将其与学科特点相结合，将课程目标进行细化，将课程目标的要求进行分解，并设计出有各自特点的人文价值目标。对隐性教育进行改革创新，要遵循全课程、全员育人的原则，坚持课程的多样性和综合性，对课程的传播方式进行创新，并针对每一门课程的特点，将其中的思政元素进行挖掘，把社会主义核心价值观、中国梦等教育内容融入教学设计之中，培养学生的文化意识和文化自信，这样才能把大学课程系统中的隐性教育与大学思想政治理论课的显性教育有机地融合在一起，才能起到显性教育与隐性教育的双重作用。

三、价值塑造贯穿课程教学始终

思想政治工作是党和国家一切工作的生命线，在全国高校思想政治工作会议上，习近平总书记意味深长地指出："要坚持把立德树人作为中心环节，把思想政治工作贯穿教育教学全过程。"[①] 当今时代，各种思想观念和价值观念相继迸发，中西方社会思潮相互碰撞，这种现象在一定程度上对新时代的大学生的行为和思想产生了影响。新时代大学生具有易变性和可塑性的特点，他们不仅在校内接受马克思主义的价值观念教育，还容易受到一些非主流社会舆论和其他价值观念的影响，所以，以目前的形势来看，高等艺术教育院校的育人工作面临严重的挑战。

以立德树人为根本任务的思想政治教育需要积极回应新时代中国特色社会主义建设的现实需要，培养既具备扎实的专业知识和过硬的实践技能，又具备高尚的道德情操的建设者和接班人。我国高等院校思想政治工作不能停留在一段时期，而是要将思政工作贯穿育人全过程。将思想政治理念融入教育教学内容之中，潜移默化地影响教育主体，才是全过程育人教育的实质。这就需要建设高质量课堂，保证育人工作贯穿教育教学全过程。弘扬主旋律是教育教学过程中极为重要的一环，教师要通过中国声音，讲述中国故事，学生要通过中

---

① 习近平.把思想政治工作贯穿教育教学全过程 开创我国高等教育事业发展新局面 [N].
人民日报，2016-12-09（1）.

国历史，领会中国精神，这样才能真正实现立德树人的根本目的。

要做到全时段育人。我国高等院校课程思政建设要求其他各门各类课程将价值观引导融入知识传授和能力培养之中，实现知识传授与价值引领相结合的现实需求。在立德树人过程中，高等院校围绕育人这一中心任务，坚持知识逻辑与价值逻辑并驾齐驱，在遵循教育教学规律和学生成长成才规律的基础上，充分发挥课堂教学和其他教育实践活动的育人功能，从而保证思政工作在时间上的不间断性和过程上的可持续性。在以往的教育教学工作中，我国大多数高校都会将育人工作简单抛给思政课老师，而思政课一般只存在于大一和大二，这就会导致出现思政教育工作的断层，育人体系封闭且保守。在当下飞速发展的时代，社会所需要的人才不仅要有过硬的基础理论知识，还要有相应的能力素养，更要具备正确的核心价值观念，课程学习和德育培养是实现学生全面发展的双重保险，新时期的大学生更要积极响应社会主义建设对于人才的诉求，有应对纷繁复杂的社会挑战的勇气和担当，筑牢信仰根基。思政教育工作要想连贯且持久，简单来说，就是需要思政教师在大学四年的时间里，将立德树人的初心和使命牢牢刻在学生的心里，结合课程知识，在恰当的时候给予学生正确的引导。将思政工作贯穿育人全过程时，各门专业课程都具有自身的特殊性，育人的逻辑存在差异，育人的目标、功能、资源以及策略的侧重点不同，所以，专业课程发挥育人功能是将思政工作贯穿育人全过程的"牛鼻子"，我国高等院校能否有效地牵着这个"牛鼻子"走，是决定立德树人成效的关键所在。

要做到全课程育人。将思想政治教育延伸至专业课，使所有课程承担育人职责，达成育人共识，明确育人价值立场，实现专业教育与思想政治教育同向同行。通过实现"全课程覆盖"，为挖掘和提炼课程自身蕴含的思政元素、激活育人基因创造条件，助推课程育人的实现，育人功能的发挥。思想政治教育延伸并覆盖所有专业课，有利于丰富育人载体，实现思政课由单一的、平面化的育人模式向所有课程合力育人的立体化育人模式的转变，推动显性育人与隐性育人的融合统一。所有课程承担育人职责，拓宽价值观阐释和传播渠道，丰富和创新价值观培育和弘扬路径。摆脱思政课"孤岛化"困境，实现价值引领和知识传授在育人过程中的融合统一，建构以思政课为核心，所有专业课为支撑的合力育人格局。"全课程覆盖式"思政育人观实现思想政治教育与专业课之间的相互渗透，结束"各自为战"、"育人"与"育才"分离的局面。思政课走出独自奋战的育人"孤岛"，为价值真理的弘扬和传播拓宽路径，助推育人"主渠道"功能的充分发挥。思政资源的挖掘和融入为专业教育注入灵魂，明确育人方向。思想政治教育要想实现实践层面的融合统一就不能仅仅停留在理论层面上，教育者应引导受教育者立足现实去思考社会生活的意义。

此外，还要充分运用好课堂外的资源。高校校园文化建设、校园景观规划、校园活动开展、网络思政呈现等都是育人平台，应在立德树人这一理念指引下，激活微循环，舒缓主渠道，各自守好一段渠、种好责任田，同向同行、协同发力、层层递进、形成合力，为青年大学生点亮理想的灯，照亮前行的路。课堂外的思政教育形式，对于宣传贯彻国家大政方针，加强社会主流价值取向教育，培养正确的职业观和职业素质具有重要作用。教师应每周举行主题班会，与学生进行面对面交流，精简班会内容，优化班会举办形式，提高学生的思政学习效率；教师应借助各种学习软件，开展思政学习评比活动，以确保学生的思政教育学习时长，强化学生的思政意识；教师应定期组织各类文体和志愿者活动，以弘扬某一思政教育主题为主线，加强思政教育主体之间的联系。

思想政治教育工作与社会其他工作不同，其根本目的是提高人们的思想道德素质，人们没有理由选择放弃。也只有对人们进行全方位、全过程的思想政治教育，才能为中国共产党治国理政和人民幸福生活培养全面发展的又红又专的高素质人才，才能更好地为实现中华民族伟大复兴中国梦、实现共产主义远大理想服务。

第三章
综合艺术院校课程思政建设现状分析

综合艺术院校是培养高级艺术人才的专门院校。近年来，综合艺术院校认真贯彻落实党和国家关于开展课程思政建设的决策部署，以落实立德树人根本任务为己任，遵循"文艺培根铸魂"理念和艺术人才培养规律，努力将课程思政建设贯穿教育教学始终，构建全员全程全方位育人大格局，培养德智体美劳全面发展的社会主义建设者和接班人。

第一节　综合艺术院校课程思政建设的特点

综合艺术院校在推动课程思政建设的进程中，以培养"德艺双馨"的艺术人才为目标，以艺术类专业课程为载体，依据各专业人才培养目标，立足艺术类专业课程特点，将专业课程中思政教育资源融入艺术专业教学过程中，实现"育人"和"育才"相结合。与其他专业相比，艺术专业具有一定特殊性，因此在开展课程思政建设的过程中也形成了自身特点。

一、以专业美育促思政教育

2018年8月30日，习近平总书记在给中央美术学院老教授的回信中指出："做好美育工作，要坚持立德树人，扎根时代生活，遵循美育特点，弘扬中华美育精神，让祖国青年一代身心都健康成长。"在现代教育体系中。美育的地位与作用越来越被人们重视和认可。2019 年 3 月 4 日，习近平总书记在看望参加政协会议的文艺界社科界委员时提出："文化文艺工作、哲学社会科学工作就属于培根铸魂的工作，在党和国家全局工作中居于十分重要的地位，在新时代坚持和发展中国特色社会主义中具有十分重要的作用。"习近平总书记的重要论述为学校美育工作指明了方向。2019 年 4 月，教育部印发《关于切实加强新时代高等学校美育工作的意见》，指出了美育在高校工作中的重要性，对新时代高校美育改革发展提出明确要求。美育是审美教育，是培养学生健康的审美情趣、形成较强的审美能力、养成深厚的审美素养的重要途径。高校美育是以传授美的知识，让学生理解美的本质、美的基本规律为基本内容，培养学生审美、人文、全面以及专业素质发展的教育。美育在高校培养全面发展的优秀社会主义建设者和接班人的过程中发挥着重要的作用。作为开展专业美育的综合艺术院校，通过构建美育与思政教育共同体，实现大学生思想政治教育与美育的融合创新发展。

美育的价值追求和思想政治教育的根本价值是统一的。第一个提出美育思想的是孔子。王国维在《孔子之美育主义》一文中指出："其审美学上之理论虽不可知，然其教人也，始于美育，终于美育。"美育思想是孔子的教育思想的重要组成部分，他主张人的教育以审美为起点，以美育为终点。审美教育是一种自发的、自觉的、自由的、完整的发展过程。朱熹在《四书章句集注》中说："凡诗之言，善者可以感发人之善心，恶者可以惩创人之逸志，其用归于使人得其情性之正而已。"其主张美育可以养人性情，荡涤邪秽，使人达到崇高的道德境界，以至于审美和道德平衡发展。王国维是国内最早讲述现代审美育人定义和主要问题的学者，他认为美育的性质是情感教育，提倡美育代替宗教成为"去毒"良药。[1] 美育和德育之间的关系在《论教育之宗旨》中得到了清楚的论述，其认为"完全之教育"必须具备美育、德育和智育，三者结合可使人达真善美境界，成为"完全之人物"[2]。蔡元培

---

① 米贞铮.从《孔子之美育主义》谈王国维美育思想 [J].名作欣赏，2021（18）：171–173.

② 李峰.试谈王国维《论教育之宗旨》[J].辽宁教育学院学报（社会科学版）1990（3）：24–28.

在 1912 年发表的《对于教育方针之意见》一文中提出要把美育列入教育方针。美育的教学观点被梁启超融入教育观中，提出"趣味教育"① 理念，认为文学、音乐和美术是进行趣味教育的主要方式。美育永恒的价值追求是"真善美"，旨在培养和塑造人格完美、价值取向正确的时代新人。思想政治教育是教育者用一定思想道德观念、政治观点对受教育者进行有意、有计划的劝化，旨在引领大学生树立正确的世界观、人生观、价值观，亦在追求"真善美"价值。由此可见，思想政治教育的目标与美育的教育目标是一致的，即为立德树人。

思想政治教育的效果可以通过美育得到升华。在实践中，美育是培养大学生审美感受力、鉴赏力和创造力等诸多方面的重要途径。审美感受力对于发现美的存在、体会美的情感、发现大自然和现实社会生活中的美具有重要意义。审美鉴赏力指大学生能够辨别美丑，对美丑具有较高的鉴赏能力，从而提升自己得审美趣味和标准。审美创造力则是更高的层次，其不仅可以帮助大学生深入思考，还能提高大学生发现问题并且创新性解决问题的能力，发掘大学生的潜能。在学生的思想政治教育中融入审美教育，可以提高学生在美学上的审美意识，使学生得到全方位的审美体验，更好地发挥其教育的优势，促进思政教育的持续、健康发展。同时，将审美教育和思政教育有机地融合起来，可以增强思政教育的感染力，让学生能够在一种轻松和谐的气氛中，对思想政治进行系统化的学习，从而达到更好的教学效果。通过这种方式，学生能感受到思政教育的趣味性，增强了高校思政教育的实效性。在美育过程中，通过美的熏陶，学生可以学会如何正确地认识社会，勇敢地面对自己所面临的困境。同时，学生还能学会关心他人，帮助他人。真正实现以美育德的目的。

美育的情感性更易于发挥思政教育作用。美育具有情感性，每个艺术作品都饱含着创作者的思想情感，它在一定的社会背景中产生，反映了社会现状。例如，抗战时期创作的艺术作品带有爱国主义色彩，在课程中通过情感渲染的方式进行思政教育，能够激发学生的共鸣。艺术教育具有趣味性，其

---

① 魏义霞 . 梁启超论趣味与趣味教育 [J]. 江苏社会科学，2015（2）：204–211.

能够将死板的文字通过绘画、动画、歌唱等艺术形式表达出来，让思想教育"活起来"，能够增添学生受教育的兴趣。艺术教育具有形象性，艺术作品都是生动、具体的形象，生动鲜明的艺术作品能够给人更直观的感受，能够带动学生的情绪，对人产生积极的影响。艺术教育具有渗透性，其能够在教育教学活动中直接或间接的引导学生。艺术家的艺术作品往往不是艺术家的凭空想象，而是在立足现实、观察生活的基础上，注入自己的思想、价值和情感而创作出来的。这样的艺术作品是有内涵的、打动人的，其能激发观众的共鸣，让他们沉浸其中，暂时忘记现实世界、摆脱外界纷扰，从而获得心灵上的满足和愉悦，回归人的本性。

美育有利于学生建立正确的世界观、人生观、价值观。美育可以"以美引善"，"美"通常蕴含着善和对善的追求。《关于全面加强和改进新时代学校美育工作的意见》指出，要"将学校美育作为立德树人的重要载体"，"陶冶高尚情操、塑造美好心灵、增强文化自信"。在专业教学中，教师利用卓越的传统文化，把历代伟大的哲学家与政治家对于国家繁荣进步的热切期望，以及崇高的品格与素质，都融合进了教育课程之中，从而在一定程度上为学生提供了指导。这种崇高的品格和高尚的素质，能够极大地影响学生的心境、情感和品行，从而使他们的学习热情得到充分的发挥，并对各种思政知识产生浓厚的好奇。在对学生进行审美教育的过程中，老师可以教他们学会用理性的眼光去看待问题，帮助他们养成积极的人生态度。对学生进行审美教育还可以塑造学生良好的性格，让他们学会与他人、与自然、与社会和谐共处，实现个体的自由而全面发展。同时，对学生进行美育教育，可以为他们创造一个良好的成长环境，培养他们高尚的品德，拓宽他们的眼界。总而言之，将思想政治教育元素融入美学教育活动中，通过无形中对学生进行积极的指导，可以培养出大学生高尚的道德品质，塑造大学生完整的人格，进而让他们能够主动抵抗负面影响，从而获得更优秀的教育成果。

二、以创作实践促思想升华

马克思说："人的思维是否具有客观的真理性，这不是一个理论的问题，而是一个实践的问题。"[1] 艺术实践是一种将理论与实践运用完美结合的一个重要过程，它不仅仅能够拓展传统的课堂知识，也能够激发艺术创新思维，从而极大地改善教育水平。举办各种艺术实践活动，可以让学生学会独立思考、合理安排时间，还可以培养学生养成良好的沟通与协调能力，增强学生的专业技能和艺术素养帮助学生更好地理解和认为世界。

通过艺术实践提升课程思政育人效果。艺术是一种以形象为基础来反映现实但比现实有典型性的社会意识形态。它以其独特的方式，通过塑造形象、营造氛围来表达出人们对现实世界的理解和情感。传统的思想教育模式已经满足不了当代大学生的心理需求，综合艺术院校针对艺术青年这个特殊群体科学开展美育教育，在生活的土壤中将艺术实践贯彻其中，通过生活的体验感悟艺术的精神，美化心灵，陶冶情操。课外艺术实践将思想和政治教育的元素纳入课堂活动，这不仅为学生提供了很好的艺术实践的机会，同时为塑造"文化思政"的校园氛围提供了途径。实践出真知，"艺术实践"能够有效地弥补传统思政教育给学生所带来的实际生活体验方面的不足，艺术青年的艺术才华在生活当中得以实现。因此，将思想政治教育纳入课余艺术实践当中可以大大提高学生的综合能力，使得学生各方面能力得到全面发展。例如，组织学生参与庆祝新中国成立 70 周年、中国共产党建党 100 周年等活动。这类活动不仅能够激发学生的爱国情怀，还能为大学生指明未来的方向，更好地帮助大学生理解并践行新时代中国特色社会主义。将"文化思政"的理念和当下的社会现象紧密结合，将艺术教育与道德规范有机结合，构建一个全新的"文化思政"体系的大格局，有助于教育教学质量的提高。

通过艺术实践，实现知行合一。从课堂延伸到实践是"课程思政"空间的转化，将"知"与"行"相结合，由理论转向实践，在实践中深化学生服务社会的精神和实践能力。综合艺术院校高度重视实践教学，在整个教学过程中设置了丰富的实践教学环节，构建了较为完善的实践教学体系，能全方位、多角度地提升学生的创新意识和实践能力。以云南艺术学院为例，学校

---

① 马克思，恩格斯. 马克思恩格斯选集（第一卷）[M]. 中共中央马克思恩格斯列宁斯大林著作编译局，编译. 北京：人民出版社，1995：58-59.

构建的实践教学体系共分为三个部分，即基础实践、专业实践、综合实践。同时，学校加强了校地合作，与政府、企事业单位共建实习实训基地。学校与省内外企业、事业单位、地区政府等建立协作关系，建立了一批校企合作实习实训基地，成立了一批具有自身特色的研究基地，有效保证了各专业的实践教学需求。在实习实训中，按照理论与实际相结合的原则，注重学生学习研究领域、专业特点与实习实训任务的对应度，实现学有所用。近年来，为适应社会对艺术人才的需求，云南艺术学院以教学改革为背景，引导学校人才培养目标向培养具有创新精神的应用型人才转变；以举办和参加学科、专业竞赛为载体，有效开展艺术创新实践活动，达到"丰富教学、拓展空间、知行合一"的目的，进一步推动教学改革，完善具有艺术院校特色的实践教学体系。教学改革取得的成绩又丰富了学科、专业竞赛等创新实践活动的内涵和形式，最终实现了学生创新能力的提高。加强课外社会实践教育，将艺术专业的社会实践与思想道德教育有机结合起来，持续探索具有艺术学院特点的具有典型性和可操作性的"课程思政"社会实践教学新模式。通过专业课程实践、采风考察、社会实践、学科竞赛、创新创业等实践项目，让学生体悟无处不在的艺术教育的价值理念，促进学生将所接受的思政教育内容转化到实际生活的应用中，真正做到知行合一。

通过艺术实践创作优秀作品，传播主流价值观。通过"大思政"的社会艺术实践，将思想政治教育的理念穿插其间，使其成为一个极具主流价值的活动。不仅让艺术学习者对思政教育有更加深刻地理解，而且还可以提高他们的审美能力和创新意识。艺术实践活动形式丰富，包括艺术展览、户外写生、田野考察等。艺术类专业的学生通常都具有很强的创造力和独立性，但是当他们面临功利主义、完美主义等现象以及道德方面的挑战时，就可能对当前的新时代中国特色社会主义思想产生怀疑。要创作出有深度、有灵性、有正确价值观的作品，首先要有具备思想道德素养的作者。作者如果不具备正确的价值观，其就不能深刻地反映出艺术作品的本质和内涵。所以，应该把思想政治教育元素完美融于艺术实践中，这样才能真正感受艺术作品蕴含的内在精髓。因此，应该将思想政治教育元素融入社会艺术实践当中，打造

"大思政"格局，让学生建立正确的三观，从而创造出更有意义的艺术作品。以云南艺术学院为例，其通过开展非遗进校园、举办艺术创新创意主题活动、申报项目、创作展演、打造民族文化特色作品等方式，把树立文化自信有机融入教育教学，在广大师生心灵中埋下真善美的种子，促进民族文化的创新性发展，对学生进行正确的精神引导，达到知识的传承和价值的培养。学校师生在开展艺术实践的过程中，创作了《张桂梅》《小萝卜头》《独龙情怀》《茶马古道梦·一带一路情》《西部版画新力量》等一批优秀的作品，并在国内20余个省市和周边国家巡演（展），开展了"百年峥嵘，和合共生"建党百年主题创意活动，将专业教学与革命历史、党建文化有机融合，形成思政教育红色文化阵地，通过文艺作品向社会传递社会主义先进文化，向世界传播中华优秀文化。

注重第二课堂的育人作用。第二课堂是面向大学生加强思想政治教育和开展文化素质教育的重要阵地，综合艺术院校利用自身优势，紧紧围绕立德树人根本任务，以社会主义核心价值观为内容，以倡导健康活泼、高雅向上的校园文化为重点，将校园文化活动与大学生素质教育和自我塑造有机结合起来，开展形式多样的校园文化活动。在遵循人才培养规律、高等教育规律和青年成长规律的基础上，通过整合第二课堂资源、挖掘第二课堂育人价值、提升第二课堂育人实效，全面开展校园文化建设、社会实践等活动，不断提升学生的思想水平、人文素养、科学素质和实践能力，为学生的综合素质、人生历程、职业发展奠定基础，不断提高育人水平与质量。第二课堂的开展，让学生在真实的社会环境中，切实提高了对国情和社会的认识，增强了他们的社会责任感，培养了他们正确的价值观，以及辨别是非的能力，并让他们积极地投身社会，为祖国与人民服务。第二课堂在利用活动资源、平台等方面，为实践教学提供了丰富的实践形式和内容，为综合艺术院校的立德树人事业提供了有力支持。

三、以社会服务促教育效果

社会服务是高校的职能之一。推动文化大发展大繁荣，加强服务社会能力建设是综合艺术院校的重要使命。艺术类专业具有实践性强的特点，实践实训类课程在课程体系中占比较高。综合艺术院校的艺术专业较为齐全，其将实践实训活动与社会服务相结合，能够持续地提升其服务当地的经济和文化建设的能力。把"文化大发展大繁荣"的战略与自己的专业紧密地联系来，不管是在学科建设，专业布局，人才培养，科研，艺术创作，艺术实践等方面，抑或是从内部管理，资源配置，学校环境，学校条件，学校的综合实力等方面，促进学校的内涵发展，培养出高素质的人才，艺术院校必须承担起为社会服务的重任。在当今时代，艺术类高校应该为社会提供更多的可用人才和新兴的技术支持。艺术是一门系统性极强且魅力无穷的学科，在社会服务的过程中，艺术院校的学生能够增加对专业知识的了解，培养自身创造性思考的能力，并且将高质量的艺术思想引入社会的生活中，为区域的经济发展做出贡献。

（一）社会服务有利于贯彻落实立德树人根本任务

教育的根本任务和总体目标是立德树人，为国家和社会培养优秀的接班人。具体来说，"立德"，就是要通过教育引导大学生树立高尚的品德。把自己的未来和祖国的未来联系在一起，把自己的奋斗和国家的振兴联系在一起，把自己的职责同时代的需求联系在一起。"树人"就是培养人才，要深入贯彻以人为本的教育理念。"立德"是做人的根本，也是做人的至高境界，立德贯穿于树人的始终。

高校要贯彻落实好立德树人根本任务，就必须在课堂中融入立德树人的理念、融入教育教学的全过程。评价立德树人的效果，不仅要聚焦于校园内、课堂中，还应把社会服务作为重要的评价标尺。高等艺术院校要将课堂教学与社会实践相结合，知识传承与社会服务相结合。以社会服务为抓手，引领文化方向、服务文化发展、促进文化繁荣，引导学生在创作和展演优秀艺术作品、提供人才培训、参与公共文化体系建设、促进城乡文化发展、增强中华文化的国际影响力等方面贡献力量。在社会服务的过程中，引导学生不要空谈使命担当，要把自己的专业知识与生产劳动、社会实践有机地结合起来，要对中国所处的历史方位有一个清晰的认识，把自己的奋斗与国家的发展联系在一起。社会服务能够提高学生的科研能力、实践动手能力、团队合作能力、创业就业能力等，能促进大学生的社会责任感、为国奋斗的使命感以及为人民谋幸福的成就感，从而促使学生形成正确的全局观、奋斗观和时代观。在进行社会服务的过程中，广大学生将置身于经济社会文化发展的具体场景，亲身体验国情、省情，直面在校园内不曾遇到的问题和困境。社会服务实现了人才培养和社会服务的统一、个人价值和社会价值的统一、树人与立德的统一。

（二）社会服务有利于增强学生的责任担当意识

社会服务能力是艺术类大学生显现专业水平，发挥其特长，促进自身全面发展的一个重要环节，也是教育投入实践的具体体现。大学生社会服务能力是大学生在进行社会实践时所体现的能力。提升大学生社会服务能力，一方面有助于满足市民文化生活需求、提升大众审美水平，有助于发展文化艺术市场，还能为社会提供有力的文化艺术方面的支持，提升社会的文化建设品质；另一方面也有利于大学生责任担当意识的提高，大学生自尊培养和自我效能感的增强，进而实现人才培养质量的提升。

近年来，综合艺术院校在国家、地方的经济社会发展中，积极贡献了自己的力量。八所综合艺术院校主动与企事业单位建立协作关系，在人才培养、文化传承与创新、产品研发等领域开展广泛合作，取得了丰硕的成果。例如，在国庆 70 周年彩车设计、制作和展演，冬奥会吉祥物设计，数届中央电视台春节联欢晚会演出，以及国家重大节庆活动中均获得了良好的成绩，得到社会各界的广泛认可。同时，这些院校积极助力脱贫攻坚，开展文化扶贫活动，惠及广大人民群众。学校要指导学生将自己的文化自身演进规律与艺术教育规律相融合，从而提升整个文化工业的综合竞争能力，带动相关的产业协作与产业链构建；引导学生根据当地的实际情况，运用自己的资源，来创建文化品牌，提高文化竞争力，使其具有更好的文化底蕴和内涵，提升人们对区域文化的认识和认可，在传承过程中发挥重要作用，在继承中求创新，发掘区域文化资源。通过寒暑假三下乡、高雅艺术进校园、艺术惠民、文化帮扶、服务区域经济社会文化发展战略合作等形式拓展社会服务文化空间，扩大对外艺术交流与合作，给予文化产业发展相关的智力支持和人才保障，以达到艺术成果的展示与应用双重价值。

社会服务可以让"象牙塔"里的大学生走出校园，认识社会，了解社会，为学生提供解决实际问题的机会。学生将专业知识运用到社会服务中，不但可以提前让学生融入社会，也为学生提供了知识转化为技能的平台，提升了学生的创新创业能力，促进了学生的能力培养，增强了学生的责任担当意识。

（三）社会服务有利于增强学生的人文素养

积极参与社会实践服务，学生将得到全面的培养，其能够提高自身综合素质，促进自身专业发展，更有利于其走出校园、融入社会，更好地适应社会发展趋势。这些实践性的课程不仅能为学生提供学以致用的机会，提高青年学子的实践素质与创新能力，也可以让学生更好地了解当下国情从而增强社会责任感和使命感，增强自身适应社会的能力。同时，社会实践对大学生个体素质的培养和人格的提升具有重要意义，社会实践可以让大学生可以更好地发现他们的优势和缺点。在参加实践的过程中，学生的品德能够得以表现。这些活动既蕴含着丰富的艺术经验，又巧妙地融入了艺术思维。学生被这种有趣、富有爱心、具有奉献精神的活动所吸引，从而消除了对艺术的排斥心理。学生将理论与实际相结合，主动参加社会服务，既能推动社会的发展，又能大幅度提高自身的人文修养和艺术修养。

社会服务活动是一种检验大学生是否能够将所学到的理论知识应用于实践的途径，它可以帮助学生提高自身统筹规划的能力，从而培养出良好的综合分析、决策思维、解决问题的能力。大学生在大学期间正是正确人生观、价值观的形成时期，也是自身社会化的关键时期，大学生通过社会实践，体会到了服务社会和实现自我价值的成就感，增强了合作意识，有效地促进了教学质量的提升。

第二节 综合艺术院校课程思政建设的困境

当今社会背景下，课程思政建设俨然已成为国家倡导的大思政格局建设的新方略，课程思政建设不仅进一步强化了思政课程的育人效力，赋予了思想政治学科的主体功能——德育功能，而且也赋予高等教育中专业课程的指南功能，从而促进高校专业学科价值功能的发展。将思政要素融入各学科和各学段是当下的重要目标，也是高等院校实现"三全育人"的重要辅助。当前各高校课程思政建设成效显著，但也存在诸多不足，还有很大的提升空间。例如，课程思政体系建设有待完善和加强，协同育人模式有待调整和改进，教师课程思政结合思政课程的能力有待提高等。

一、课程思政体系有待完善

课程思政建设能激发高校思想政治工作的创新动力，是其持续保持活力的有力保障。课程思政建设是一项系统性工程，需要在体制机制和顶层设计上做好规划，运用系统思维整体建构、详细规划课程思政的实施路径。但在实际的工作中不难发现，要想建立完备的课程思政建设体系还有很大的一段路程要走。追根究底，由于高校秉持着实现"立德树人"的教学目标，实现"为党育人，为国育才"的宏伟蓝图，为国家培养优秀的社会主义建设者和拔尖创新人才的态度，所以建设课程思政制度要从实际出发，实事求是，将教育教学的实际情况作为参照。但是，很多不足也在实践过程中不断被暴露出来，例如，很多高校依旧将一些制度层面的条例奉为圭臬，不愿做出任何调整，使得高校在事件处理工作中缺乏灵活性，制度也沦为冷冰冰的条例，既不具备教育价值，也体现不出育人的价值和功效。

目前的顶层设计还存在很大的缺陷，还有很大的改进升级空间。众所周知，顶层设计是上层执政者意志和思想的体现，代表着兼具全局性和系统性的思维方式，对行动起着引领作用。要想实现协同育人，就必须有好的顶层设计来做这支"指挥棒"。因此可知，课程思政建设体系的构建需要高校领导层对于协同育人机制建设的相关内容予以深度的关怀，促进顶层设计工作的不断完备，以此确保顶层设计不断向好。站在当下的角度进行审视，很多综合艺术院校在课程思政育人机制的顶层设计中已形成一定的架构，但是不难发现，其中还存在很多问题。例如，顶层设计的完整性不足，整体的衔接度还不够流畅。高校党委是高校思政教育工作的领导者，应当在课程思政的建设中发挥引领作用并承担主体责任。但是在实际落实课程思政的过程中，部分高校对课程思政的具体实施理念存在偏差，没有充分意识到各门课程都具有育人功能，对各学院的各项资源整合力度不够，在课程思政的构建中全员参与度不足。部分学校建立起的校党委统一领导、党政齐抓共管、教师参与其中的协同育人机制往往只是流于形式。这就造成学校内部的一些部门对自己在课程思政建设中的定位和角色把握不够准确，不会主动承担起协同育人的主体责任，造成推进课程思政与思政课程相结合，以此实现协同育人的工作不断面临瓶颈，容易出现无法厘清的状态，这也导致将协同育人体系落实到实际的教育具体实践中这一目标落空。因此，高校需要完善管理制度，对各职能部门在协同育人建设中的任务进行明确分工。实际上，造成上述问题的原因有以下几点：首先，顶层设计不够高效。在协同育人体系中存在的具体理念、课程思想观念和具体的教学目标都来自顶层设计架构，但协同育人机制的地位一直得不到充分的体现，这也导致了总体工作效率的低下。其次，顶层设计的针对性不够。在开展协同育人工作的过程中，每个要素之间都应该非常紧密，存在深厚的联系，但实际情况并非如此，当前的协同育人工作还存在各要素之间难以协调，整体性较弱，适配性低等痼疾。第三，顶层设计的实践可行性不足。各要素需要进一步开发、细化与完善，从而充分凸显协同育人工作的实效。

制度体系还不够完善，亟待健全。科学完备的制度体系具有极大的价值意义，制度体系的建立能为通过高校思政课程与课程思政实现协同育人的目标提供方向指导和坚实的保障。就现有的调查结果来看，诸多高校依旧存在课程思政管理制度的相关体系建设不完备的情况，思想政治工作与高校的教育教学管理工作存在断层的情况，这些都是现在高校思想政治教育工作发展速度慢和效率低下的原因。思想方面的建设是至关重要的，高校课程思政建设是高校建设的一个重要议程，也是一个需要突破的挑战，在这当中亟待建立完备的管理体系，以此来辅助高校课程思政的建设。但是，很多高校在此问题上还存在不足，对课程思政和思政课程还没有进行严格区分，甚至还出现了将二者的任务和功能混为一谈的情况。这种情况会导致许多潜在的教学问题，因为一旦专业课教师没有意识到课程思政的价值，对德育停留在宣讲和浅尝辄止的层面，那思政课的价值就消失殆尽，一切努力就将付诸东流。其实归根结底，这些问题和缺陷都是由于管理体系建设的不完善造成的。教师是教学活动的主体，课程思政的有效落实也要依托于教师。但是就目前情况来看，专业课教师的作用发挥的非常有限，这与教学评估制度有密切的关系。因此，要建立一整套完善的制度体系，需要从领导层面、管理层面、运行层面、监督评价层面和奖惩制度方面出发，立足实际，设计出一套行之有理、行之有效的方案。很多高校据此进行了卓越的探索，并结合自身特性和禀赋，针对性地制定了系统化和体系化的建设课程思政的策略，但在实际建设过程中还是出现问题，例如，高校监管力度不强，专业教师配备不足，科研发展能力有限，教师积极性不高等。当下，课程思政建设的相关议题走进大众视野，日益受到大众关注，人们对其研究和讨论的热度不减。在高校实际推进课程思政建设的过程中，成果不断被孵化，但是问题也在这一过程中逐渐显露出来。一般情况下，高校的政策性文件在下发过程中需要各部门、各学院等层层推进和一一落实，在各司其职的过程中建立有效联系，从而保证相关政策的实效性。但在高校课程思政的相关政策的实施过程中可以发现，教育和管理这两个工作项目之间存在脱节，两者之间少有交集，上级的指令很难顺利传达给下级部门，各学院或者各部门之间"单打独斗""各自为政"的情况时有发生，"课程思政"的指示也终究流于形式。高校在推进课程思政建设的过程中，大多是停留于政策性话语和理论性实操方面，暂未有指导专业课程课程思政的相关文件，相应的课程体系也缺乏适切的框架参照，教师无法获取关于课程思政教学的大纲和建议，同时，暂时缺失的教学方案或是培养方案也让课程思政的实现深陷困境，而这些指导性和纲要性文件是整体工作的关键。除此之外，目前课程思政建设的目的、要求和任务暂未具体和明晰，所以无法真正在塑造学生正确价值观的过程中发挥作用，教师也大都未对这一问题重视起来。在实际的课程思政教学过程中，专业课教师对教育内容的选择和运用存在随意化、零碎化、含糊化等倾向，绕开不讲也成为常态。加之专业课程的设置也忽视学科内部逻辑差异和学科专属内容特色，未从实际出发，以及教师不科学和不规范的教学，都将课程思政体系构建的"硬伤"扩大化和透明化。

评价机制的作用不明显。课程思政是近年来兴起的一种新型教育理念，因此需要与之相匹配的新型监督评价体系。在教学实践过程中，适当的监督评价有利于促进教师的教学积极性，提升教学效果。课程思政包含着对专业课课程教学中思想政治教育效果的评价，也就是要评估学生的价值观塑造和价值判断的能力，与传统的以对专业知识的掌握程度为评价标准不同，课程思政中对专业课程的评价还应该从学生的成长发展和价值观等方面进行综合考量。目前，对课程进行教学评价主要是注重过程性评价和结果性评价，并设置了专门的评价标准、教学质量评价机构和较为完善的评价方式。随着思政课程与课程思政协同育人工作的不断推进，教学评价体系也需要丰富完善，对协同育人进行教学评价的突出问题体现为亟待重新制定专业的评价标准以及对评价小组重新组合。但是，当前大多数高校没有将课程思政融入相应的考核评估机制中。如果要实现"课程思政"的理念完整且有效地贯穿课堂和各门课程中，就不能缺少具有统一维度指标的评估标准体系，但现有的评估机制在此方面还存在很大缺失。传统的监督方式主要包括领导听课、同行听课、定期的测评检查以及教学督导等，其监督重点主要放在了日常管理和教师的课堂互动、教学方式上，缺乏对协同育人责任主体和责任落实情况的监督。激励制度也同样缺乏。当前激励制度的不完善是导致高校的思政课程与课程思政协同育人建设驻足表面、停滞不前的原因之一。在这过程当中，专业课教师贯彻课程思政的能力与职称评定、评价评优、工资晋升等关系不大，没有将专业课教师的绩效考核与协同育人的建设挂钩，因此教师参与协同育人建设的积极性不强。

二、协同育人效果有待加强

2016 年 12 月，在全国高校思想政治工作会议上，习近平总书记强调了"各类课程与思想政治理论课同向同行，形成协同效应"。课程思政与思政课程协同育人理念是高校思想政治工作的一种新型育人方式，在教学方法上进行了创新和改进，对教育理念进行了革新，并且为全面提升高校思想政治教育工作和育人实效作了进一步探索。

思政课程与专业课程之间未形成合力。学校教育是通过课程将知识的传授、能力的培养和价值观的塑造结合在一起的教育。思想政治教育理论课是高校课程的必修课，其目的是对学生进行显性的思想政治教育，但由于课程改革的不断优化和发展，思想政治教育的重心一直集中在思想政治教育理论课上。正因如此，时间久了，除思想政治理论课以外的课程所能具备的思想政治教育功能逐渐被忽视。因此，在各专业课程的课堂上，教师在授课过程中很少结合思政元素，或者即便结合也是浅尝辄止，最终弱化了专业课程在思想政治教育方面的功能。这反映出了课程思政与专业课程之间不协调的问题。长期以来，课程教育的价值取向偏重知识传授，忽视价值塑造，形成了重智育而轻德育的教育氛围。如今课程学习评价标准的制定仅仅只关注到专业人才培养和知识创新发展这两个方面。课程学习也逐渐偏离了人们学习的初衷，逐渐出现人的成长与人才培育不同步、知识传授与价值引领脱节等后果。思政课程与其他专业课程分属不同的研究方向，在课程思政正式提出之前就像两条不相交的直线，承担着各自的教学任务，但是随着课程思政的正式提出，这两条并不相交的直线产生了交叉，两者都必须承担起相应的责任。由于这两种课程之前一直保持着相互独立的局面，因此专业课程与思政元素的契合点很难被专业课教师准确找到。专业课教师如不能用敏锐的眼光捕捉到专业课程中所蕴含的思政元素和适合的切入点，就难以设计出优秀的课程，更难以实现知识传授与价值引领的统一。长期以来，思政课程一直处于孤军奋战、单打独斗的局面，并没有来自其他课程的协助与支持，与其他课程互不相干、各自为营，就像是存在于一片茫茫海洋中的孤岛。同时，高校在专业课程践行课程思政理念的过程中，也仅仅是披上了一层课程思政的外衣，而没有融入身体和头脑之中。正是由于学科之间的逻辑和知识的结构存在区别，各个专业课程的知识框架都具有相对独立性和明显的特点，它们所展现出的对人的教育功能和思想教育功能不完全相同，这些课程与爱国教育、思想理念、科学精神以及社会道德都有着莫大的关系，这就需要思政教育融合各领域课程的学科特点、课程理论和价值取向，专注于探索各学科之间的联系性，使其内涵、形式能够与思想政策有所关联，拓宽各领域中思政课程的作用，达到事半功倍的效果。高等院校的教育目的是培养在道德、智力、体力、审美和劳动技术教育等方面不断发展的人，然而专业课程的教学方案更加关注的是学生专业的发展，对于人的思想道德教育有所局限。在微观的教育实践中存在削弱专业课的思政教育功能的现状，轻视价值引领作用，使得专业课对人的培养变得狭窄、单一、片面，同时使学生知识的形成与价值观念的培养和专业能力的发展都互相独立，高等院校对于学生道德教育的培养存在片面化倾向，思想培育的课程无法深入发展。

学校各部门之间协同不足。虽然当前许多高校都积极开展课程思政工作，推进课程思政与思政课程协同育人，但是事实上，课程思政与思政课程协同育人是一个完整的，极具系统性的庞大工程，离不开多个部门之间的协同配合，从目前来看，协同育人工作取得了一定成效，但依然存在许多问题。许多高校把思想政治教育工作视为思想工作，通常直接分配给马克思主义学院或学生工作处的思想政治教育科，而其他学院、部门等则根据各自的专业要求完成各自的教学任务。而当在全校范围内推行课程思政建设，任务落实到各级主体时，这些部门才发觉自己无从下手，产生抵触心理，导致"分而治之"的思想误区。思想政治理论课呈现单兵作战的"孤岛"状态，课程思政育人合力尚未形成稳定的状态。在各学院与职能部门层面，"课程思政"的具体落实需要各个学院和职能部门的参与，但是存在着马克思主义学院与其他各个学院之间的联动较少，具体职责不明确的问题。马克思主义学院主要承担着以思想政治课程育人的职责，其他各学院承担着传授专业知识的职责，但是随着课程思政理念的深入，除马克思主义学院外的其他学院并不能完全适应融入思政元素的专业课程的教学方式，使得教学效果不理想。

面对这种情况，仍有部分学院尚未适应这种教学方式上的变化，仍将育人工作归于马克思主义学院，认为与本学院无关。同时，面对专业课程实施课程思政效果不理想的问题，马克思主义学院与各学院之间并未因此产生互动或者组成课程思政小组，因而导致问题不能被有效地沟通，进而使协同育人工作的落实速度变慢。就目前高校的管理机制来看，联动机制不够完善，高校内部体制运作模式还存在问题，课程思政育人难以达到预期效果。其实，课程思政育人的教学方法和设计在有限的教学时间、空间没有得到很好体现，育人观念没有在人才培养的具体操作环节落实和转化。教师重科研轻教学的情况十分普遍，他们认为科研成果是印证教师发展的唯一途径，导致其将工作重心放在自身的专业化发展上，而较少关注课程思政内容及课堂教育教学建设。这大大阻碍了教学经验的交流和学习，思政课程与课程思政育人效果微乎其微。

思政课教师与专业课教师的互动不足。一方面，由于专业属性的不同，导致专业课教师与思政课教师之间在实际教学中关于对"课程思政"的理解等问题缺少探讨交流，各学院之间更像是两条平行的直线，互不打扰、各自为政。在课程方面，思政课和各门课程之间难以形成共同种"责任田"的局面，也使思政课程处于"孤岛"式的尴尬境地，同时导致专业课教师在思政元素的融入方面难以运用自如，造成思想政治教育在专业课堂上"缺位"的后果。例如，有些教师将没有经过与自身课程内容相结合的其他成功案例直接套用在自己的课堂之中，这就像是把两种课程强行扭在一起，反而显得不伦不类，从而导致这两种课程难以相互支撑、形成合力。其实每位老师都赋有育人的职责，中国古代的"传道、授业、解惑"，就明确了教师的职责，教师的首要任务就是"传道"，这是作为教师的基本职责。另一方面，关于两方教师的沟通与交流，大多时候是以座谈会、专题研讨会、讲座等形式出现，往往是少数人在讲看法、讲做法，大部分教师扮演的是倾听者的角色，教师间面对面交流的机会屈指可数，在怎么做、如何协同以及怎么协同等问题上还缺少具体认识，这种方式流于形式，缺乏时效性。教师之间协同力不足的情况，降低了高校育人工作的实效性，所以其难以实现各类专业课程与思政课程的和谐共鸣。

三、教师能力素养有待提升

习近平总书记强调:"办好思想政治理论课关键在教师,关键在发挥教师的积极性、主动性、创造性。"[①] 教师在育人工作中扮演着不可或缺的角色,教师的言行、举止、态度及授课的方式与内容均能对学生产生影响。作为教学的骨干力量和课程的授课主体,教师在传授知识、能力培养和价值引领中发挥着重要作用,其对课程思政的理解和认识也直接影响到课程思政的具体实施,决定着课程思政是否能达到预期效果。艺术院校的专业教师大都在艺术方面具有一定的专业天赋,经过数年的专业学习和教学,存在重专业知识传授,轻学生价值塑造的现象。在开展课程思政建设的时候,部分专业课教师还未重视课程思政建设,对此缺乏正确的认知,加之自身欠缺对该领域的学习,精力有限,合理有效运用和串联表达思政要素知识的能力不足等,课程思政建设的成效受到影响。

教师的课程思政意识还需进一步提升。任何学科都蕴含着丰富的思政素材,只要专业课教师愿意挖掘和运用,都能够在课堂活动中发挥育人功能。思政要素蕴含在每一个学科中,每一门学科都有着丰富的思政理念。思政效用的发挥离不开教师,离不开教师对思政要素的挖掘,并将思政要素的政治性话语不断转化成生活性话语。教师是在学生学习成长过程中最具影响力的人,是课堂教学的引导者,在教学活动中发挥着主导作用。课程思政建设要取得良好的效果,需要教师的全程、全身心的投入。在课程思政建设中,教师的能动作用,是课程思政目标能否落实的关键。在综合艺术院校推进课程思政建设的过程中,广大教师基本能保持充分的热情与积极性投身其中,但是也有一些教师选择消极应对方式,在思政育人方面还缺乏行动力。这些教师把思想政治教育工作当作是思政课教师和辅导员的工作范畴,并未认识到思想政治教育与自身教育教学的关联。他们片面地认为学生的思政教育应由其思政教师负责,而他们只需为学生讲好本专业课的知识,保质保量完成专业知识教学。如果有同学提出了疑问或者困惑,他们会非常愿意解答和引导

---

① 习近平.思政课是落实立德树人根本任务的关键课程 [J].求是,2020（17）:4-16.

学生，但不会主动去寻找思政元素并将其融入课堂教学，忽视了自身应承担的育人责任。这种想法一旦产生，教师就已经失去了教育情怀，忘却本心，同时会对育人这一本职工作开始怠慢，不再有工作的热情，这也直接让课程思政建设失去活力，由此降低教学改革成效。究其原因，还是这类教师对"课程思政"的理念认识不深刻，对实施课程思政的意义理解不透彻的问题，以至于不能将立德树人这个根本任务落实，面对这些关于"课程思政"认知方面的偏差，还需要专业课教师进一步提升自身的认知水平。

专业课教师对思想政治理论理解不深。部分专业教师对知识的思政内涵和形式特点的认识较少，思想政治教育理论知识储备不足。部分专业课老师对于一些马克思主义理论概念不明晰，对马克思主义相关知识停留在书本理论层面。除此之外，还有部分老师对自身的要求较低，其所具备的人文素养无法适应当下的育人工作。他们在进行"课程思政"建设的过程中，将注意力仅仅放在对专业知识的理解上，不清楚所挖掘的思想政治教育资源是否准确，怕自己掌握不好尺度，担心弄巧成拙，只能够讲解出比较浅显和表面的课程思政相关内容，并不能识别、挖掘和参透具有潜在讲授价值的思想政治教育内容，而且这些教师通常只能讲解出结论，却无法讲明白原因，导致课程思政教学内容简单枯燥，课程思政育人的效果远不达要求和预期。与此同时，课程思政制度的欠缺也会催生很多弊端，思政元素和资源的挖掘浮于表面，流于形式，缺乏一定的深度和广度。这些都削弱了课程思政的效果，降低了课程和思政的契合度和衔接度，课程思政的发展目标难以实现。

教师的思政元素挖掘能力不强。课程思政改革是新时期党和国家对高校专业课教师提出的新要求。课程思政的主要内容是突出各类课程中蕴含的思想政治元素，并与课堂知识教学相融合，实现共同发展，真正实现育人作用。然而，从课程思政的实际落实情况来看，由于部分教师对思政元素的开发能力欠缺，所以很大程度上延缓了高校课程思政建设前进的步伐，使得部分教师难以激发自身对课程思政建设的积极性，难以发挥主观能动性。

部分教师虽然有课程思政协同育人的意识，但因为自身素养水平的限制，他们并不了解开展课程思政的方式方法，在教育教学中，仅仅能够挖掘出较为表面的课程思政内容，对于隐藏较深的内容挖掘不到，经常出现生搬硬套的情况，在自己理解的基础上将与课程相关的思想政治教育内容强加上去，或是照本宣科，直接引用课程思政教育内容，不顾及受教育者的专业背景，不注重课程与思想政治教育的关联点，使得教学内容浅显枯燥，学生似懂非懂，导致课程思政毫无说服力可言。这类教师很乐意充分挖掘出课程中潜在的各类思政元素，并对此进行有效教学，但是又由于他们自身思政素养水平欠佳，因此他们无法对思政元素进行系统的有效挖掘，只能依托浮于表面的思政教育热情。

教师的思政元素融入能力有待提升。在高校课程思政与思政课程协同育人建设中，教师提高对思想政治教育体系的运用能力是开展课程思政协同育人的基础，另外，教师还需要掌握思想政治教育的话语、规律和特征。但是，当前大多数教师由于受传统教学方式的影响，难以潜移默化地将思想政治教育融入自己的专业课堂中，习惯性运用传统灌输式、命令式的方法，将思想政治教育元素直接穿插进专业课的教学中，这就违背了教育规律。一个完整的课程思政课堂的教学设计，需要从大纲内容上进行整体的设计。而当前教师在进行课程思政教学设计时，容易只针对某个要素进行设计，他们并不能站在整体的角度，对课程进行系统化设计。这就导致整个课堂出现了为了"课程思政"建设而破坏其原本教学目的的问题。对于如何融思政元素于课程，需要高校专业教师在恰当的节点中、合适的视角下与其建立联系，借助学生喜欢的方式来表达课堂内容。而实际上，大部分专业教师并没有增强思想政治理论教育的服务意识和改进教学方法的动力，思维不够新，视野不够广，教学方法无法抓住学生眼球，缺少结合自己专业灵活运用各种资源展开教学的能力，总是"照本宣科""填鸭式满堂灌"，教学方法千篇一律，导致课堂教学单一枯燥，难以激发学生的兴趣，无法为学生的持久学习注入精神动力，教学效率低、课程思政育人落实有一定难度。

第三节　综合艺术院校课程思政建设的方向

课程思政建设关乎立德树人根本任务的实现，关乎培根铸魂事业的成功。综合艺术院校开展课程思政建设时，要立足自身特色，找准前进的方向。具体来说，就是要坚持正确的政治导向，发挥综合艺术院校的优势，不断推进文化自信自强。

一、坚持正确的政治导向

党的二十大报告提出："坚持为党育人、为国育才。"综合艺术院校同样肩负着这一使命，因此，在开展课程思政建设时，首先要做到的，就是要坚持正确的政治导向，坚持中国共产党的统一领导，坚持社会主义办学方向。

（一）坚持中国共产党的领导

方向问题和旗帜问题，是高等教育发展的根本性与方向性问题。新中国成立以来，办好中国特色社会主义高等教育是高校一直以来所追求的目标，旗帜鲜明地坚持党对高校工作的全面领导是高校所坚持的原则。人们在审视课程思政育人发展方向时，不能偏离中国特色社会主义现代化建设的方向和目标，要始终坚持中国共产党对高等教育的领导，以适应党和国家事业的发展，培养更多的人才。推进高校课程思政建设工作，必须加强党中央对高校的领导作用，也只有坚持党对高校的统筹领导，才能保证高校教育立德树人目标与新时代中国特色社会主义现代化建设人才需求相适应，旗帜鲜明地提升高校思政课程与课程思政协同育人的实效性。

大学阶段是学生价值观从不成熟走向成熟、从不稳定走向稳定的关键时期，高校作为育人主体在其中发挥着重要作用。当前，西方企图通过渗透意识形态领域来分裂我国的行为从未停止，高校作为意识形态工作的前沿阵地肩负着巨大责任。而课程作为高校育人的媒介，是高校进行思政教育的理想途径。在教育教学工作中，教师要确保自己坚持中国特色社会主义不动摇，坚定拥护中国共产党的领导，将社会主义核心价值观积极融入教学的环节、层次等各个方面，尽可能多的展现课程中所蕴含的思政理念，引导学生形成正确的世界观、人生观、价值观。

在课程思政育人工作探索前进之时，高校要充分发挥思想政治理论课的引领作用，利用好每一节课程，抓住每一个元素，积极主动地对马克思主义理论、毛泽东思想及中国特色社会主义理论体系加以印证，确保课程政治性、教育性和思想性的统一。同时，要善于在专业课程中，用马克思主义理论特别是马克思主义中国化最新理论成果来武装学生头脑，使大学生能通过课程学习树立正确的政治信仰，对实现民族复兴充满信心，培养他们坚定的政治立场和优秀的思想品质，让师生深刻理解"中国共产党为什么能"①。

（二）坚持社会主义办学方向

2021 年 4 月，习近平总书记在清华大学考察时提到"我们要建设的世界一流大学是中国特色社会主义的一流大学。"方向引领发展，新时代高校在办学时必须要坚持和巩固马克思主义在高校意识形态领域的指导地位，必须坚持社会主义的办学方向。坚持社会主义办学方向已成为建设一流大学和一流学科的关键词，成为完成新时代重要教育使命的基本条件。高校课程思政育人既离不开求真的科学精神支撑，也离不开深刻的政治要求。在高校推进课程思政育人时，坚持社会主义办学方向，就是按照国家的政治要求来培养人才。

我国高校办学性质与其他国家学校的办学性质有明显的差距，我国高校的办学性质要符合社会主义性质，必须坚持马克思主义的指导地位，始终坚持以中国特色社会主义为核心的办学道路。将思政元素融入各学科人才培养的全过程，是中国共产党始终坚持社会主义办学方向的重要实践。坚持社会

---

① 习近平 . 高举中国特色社会主义伟大旗帜 为全面建设社会主义现代化国家而团结奋斗：在中国共产党第二十次全国代表大会上的报告 [EB/OL]. （2022-10-25）[2024-1-3] https://www.gov.cn/xinwen/2022-10-25/content_5721685.htm.

主义办学方向，从课程思政角度来看，要先让广大教师充分认识社会主义制度的优越性，实践证明，社会主义具有无与伦比的制度优势，党的十九届四中全会总结了十三个方面的"显著优势"，这些优势是比较之后得出来的，也是历史证明的优势，从这次新冠病毒感染的疫情防控中，社会主义的制度优势体现得淋漓尽致，要从历史、现实特别是人们经历的鲜活的实践中，引导广大师生加深对社会主义制度优势的认识，特别是引导好高校教师对社会主义制度优势的深刻认识，使教师在坚持正确的社会主义办学方向的基础上增强政治认同、制度认同和情感认同，自觉地将"育人"贯穿教育教学实践，自觉地开展课程思政实践探索。

进入新时代，综合艺术院校要引导学生脚踏实地学好艺术专业相关知识，掌握专业技能，树立远大的艺术理想，培养家国情怀，将自身发展与国家社会建设联系起来，投身中华民族伟大复兴事业。在教育教学中，综合艺术院校高校要坚守社会主义意识形态的主阵地，科学有效地引导学生，始终服务于党和国家的发展目标及任务。

（三）坚持把立德树人贯穿始终

2018 年 9 月 10 日，习近平总书记在全国教育大会上强调："我国是中国共产党领导的社会主义国家，这就决定了我们的教育必须把培养社会主义建设者和接班人作为根本任务，培养一代又一代拥护中国共产党领导和我国社会主义制度、立志为中国特色社会主义事业奋斗终身的有用人才。"培养社会主义建设者和接班人，要把品德修养放在首位。我国开设高校思政理念教育课程的根本目的就是要切实抓好立德树人的根本任务，努力做到让大学生无论在思想领域还是在科研领域都能拥有一名合格的中国特色社会主义建设者和接班人所应有的态度。"育人"的根本在于"立德"，目标是培养既有专业知识，又有道德情操的高水平人才。推进立德树人一直以来都是我国高等教育事业不断取得进步的关键所在。

随着改革开放的不断深入，中国与世界的联系日益紧密，与各国的合作也不断加强，密切的交流与合作不可避免地使国与国之间的文化与价值理念发生碰撞，进而形成了一种多元化的思潮。我国建设高校的目的之一就是为各国学者提供一个进行学术探索和文化交流的场所，同时，让更多的思潮涌入中国，实现文化融合。但在此过程中，大量外来文化的涌入，容易造成文化拿来大于文化输出的局面。艺术专业教师和学生具有思维活跃，喜欢接触新事物等特点，面对西方国家一些具有较强欺骗性的价值观念时，他们可能出现社会主义理想信念动摇的情况。因此，高校在推进课程思政建设时，要坚持把立德树人贯穿始终。"立德"是对学生的思想品德进行培养，"树人"是使学生成为优秀的人才。课程思政育人为立德树人提供了载体，在教育教学工作中注重价值引导，注重德育过程的理论性、专业性及应用性。应坚持把立德树人贯穿教育教学的全过程，致力于高水平人才培养体系的构建，为社会输送更多人才。

高校要实现立德树人的目标，就需要全体教职员工在开展教育教学工作时，将立德树人落实到教学和管理的各个环节，大家各司其职，加强协作，将"育人"和"育才"有机融合，保证课程思政育人的有效推进和科学实施。首先，要利用好思想政治理论课育人的主渠道，将其育人作用充分发挥出来。其次，对专业课程的育人目标进行研究，深度挖掘专业知识中蕴含的思想价值和精神内涵，从而令专业课的广度、深度都到拓展，体现出课程的开放性与引领性，进一步发挥立德树人的导向作用。

二、发挥艺术教育的优势

2021 年 12 月，习近平总书记在中国文联十一大、中国作协十大开幕式上的讲话中强调："文化是民族的精神命脉，文艺是时代的号角。""以文弘业、以文培元，以文立心、以文铸魂。"[①] 从文化的重要性可知，艺术教育是立德树人的重要途径。立德树人的根本意图是提升人们的审美素养和思想境界，它通过艺术教育的手段来唤醒人们对于崇高的精神世界的一种本能追求，在提高精神世界，真正拥有精神享受之后，人们自然而然地就会把简单的物质

---

① 习近平.在中国文联十大、中国作协九大开幕式上的讲话 [N].人民日报,2016-12-03(1).

生活加以提炼，从而实现质的飞跃，并且在这个过程中实现对人的价值的认识。实际上，弄清该问题的过程也是不断提升人生境界的一个过程，当人们获得答案的那一刻也对自己的人生有了一个完美阐释。中国是一个有着悠久美育传统的国家，先秦时期的"乐教"思想就已被置于育人的重要地位。教育家孔子提出"礼乐相济""立于礼，成于乐"等理念，认为艺术教育与思想品德教育之间可以互相协同、相互支撑。① 可见，艺术教育与思想政治理念教育的结合可以更好、更有效地拓宽二者对于大学生素质培养的深度和广度，更有利于加强二者对于学生精神世界的塑造和稳固，提升教育对于学生日后更快更好地融入社会的影响，从而培养出一批政治觉悟高，学习能力强，精神世界丰富且完善的新时代高素质青年人才。艺术在育人方面的特有功能、独特价值和悠久历史，使其在课程思政建设中具备了一定的优势。

课程思政和艺术教育具有目的的同一性。二者的同一性在于无论开设怎样的教学课程，无论设定出怎样的教学方法，他们的根本目的都是希望培养出一批有理想，有道德，有文化，有纪律的青年，并希望这些青年在日后的生产生活中能依靠自身所学指引他人依照正确的行为准则完善自己的生活和实践，使得我国教育理念能够开花结果，落地生根。因此，无论是高校思想政治教育还是艺术教育，都是通过教学活动，使外在的知识内化于心、外化于行，促进个人的自由全面发展和社会的和谐进步。对于我国高校思想政治教育来说，其更注重由内而外的教育过程，所以，从宏观角度来看，如何提升一个人的思想政治理念，使其知法懂法，遵守道德规范，从价值观念到理想信念能够始终与党中央保持高度一致，对于高校思政教育课程来说是至关重要的一环。高校思政教育的最终目的就是能够实现一个人在素质，道德，情感，情操方面整体的同一性，完善受教育者个人德行的塑造，维护社会稳定，实现国家的长治久安。而对于艺术教育而言，其更注重学生艺术素养的培育。艺术涵盖很多方面，简而言之，艺术就是协调自身对于感性和理性方面的协同发展指一个人的审美能力，包括审美眼光、审美趣味、审美理想、审美鉴赏和审美创造的能力，所以，培养一批具有良好审美素养的学生不仅

① 聂振斌.“美善相乐”与“礼乐相济”述论 [J]. 学术月刊，1990（6）：46-51，34.

可以提高他们对于美的探索能力，还可以引导他们去追求一种美的人生，这是对人生境界的一种升华。而拥有了这一过程的青年学生，其更容易实现对美的捕捉，保持感性和理性的动态平衡，稳定社会秩序，实现人与人之间的和谐共处，创造一个和谐友爱的社会大家庭。

综合艺术院校可以凭借着自身专业性的优势和得天独厚的艺术类教育资源，尽可能地发挥艺术类课程对学生的引领和启迪的作用，让艺术高校内的所有受教育者在理论知识和思政教育的熏陶和洗涤下潜移默化地自行接纳吸收社会道德标准，并逐步践行社会主义价值规范，以期实现建立建设高校思想政治教育的最根本的目的。

课程思政和艺术教育具有方法的同一性。课程思政注重的是"润物细无声"，而艺术教育也注重潜移默化，对人的教育作用常常通过"熏陶"来实现，二者具有相同的路径。艺术审美活动最基本的心理过程是情感体验，古今中外，任何一种优秀的艺术作品都涵盖了作者丰富的人生经历，或许是对往日的不舍，对未来的期盼，也或许是不知前路的迷惘，这些都形成了极具个人特色的深刻的思想和哲理，这些属于全人类的宝贵的精神财富，对学生的审美体验产生了良好的启发作用。综合艺术院校致力于深度挖掘潜藏在中国悠久历史中的文化遗迹，并且将古老与现代相结合，积极探索时下流行的优秀作品，再融合东西方对于艺术的独特理念，用真实的艺术作品增强学生对于审美的近距离感知，在这个独特的过程中，不断增强学生的艺术鉴赏水平和道德情操。环境以其潜移默化的作用，影响着人的思想境界。综合艺术院校具有艺术学科齐全的特点，其所特有的校园环境，是深化课程思政效果的有利条件。学校作为一个学术探索和文化交流融合汇聚的一个平台，拥有将各种艺术资源与文化资源整合在一起进行有效联动的作用，为了能让学生更加便捷、高效地融入艺术氛围当中，学校可以建设一些具有审美艺术性和人文纪念性的文化设施，让学生更热爱校园环境，更贴近艺术本身。作为以艺术教育为主的高校，综合艺术院校的音乐厅、美术馆、剧场等教学场所经常举办丰富多彩的艺术展演活动。学校内部的艺术社团同样也是综合艺术院校艺术教育当中极其重要的一环，举办学生活动也是高校学生增加归属感，提升凝聚性的有效途径之一，举办文艺活动既可以充分调动学生的自主策划、研发、实施的实践能力，还可以培养学生积极向上的文化情感，将教育的内容融入娱乐活动中，达到更好的效果。这些以中国特色社会主义主流价值观为主题的活动遍布校园各个角落，营造了浓厚的艺术场景和育人氛围，在潜移默化中影响并塑造着学生的世界观、人生观和价值观。对艺术类大学生来说，拥有一个良好的授课环境是非常重要的，相比于综合类大学，艺术类学校的专业技能授课班人数较少，学生能够近距离接触老师，能够获得老师给予的更多机会，相对于大课教师来说，没有那么多的距离感，更易形成亲近和谐的师生关系，又因为艺术类授课班人数少，老师更易了解掌握班级内各个学生的思想状况，更易将思政教育融入课程之中，不仅不会引起学生的逆反心理，甚至可能会受学生的崇拜和模仿。艺术类专业教师能利用学校内部丰富的平台资源，通过音乐会，文艺汇演，学术讲座，教学成果展演等多种形式，和学生一同排练，演奏，表演，增进师生之间的感情，通过选取几个红色经典演出项目，展示学习成果，营造出一种各司其职，健康有序，良性竞争的艺术学习环境，潜移默化地让学生自觉地接受思政教育，学生不仅不会有抵抗情绪，甚至在这种积极、快乐的学习环境中还能取得事半功倍的效果，不仅如此，在日后的学习生活和工作中，学生也会积极地向身边人传递有效的思政教育内容。

因此，综合艺术院校一定要善于营造积极的校园环境，还要重视校园文化建设，以提升学生的审美修养。

艺术类课程具有实践性强的特点。艺术不仅在实践中生长，更在实践中发展，高校思政理念教育课程作为一场提升大学生思想意识和道德品质的教育活动，本身就是一场实践。实践是检验真理的唯一标准，如果没有实践，就不会产生为人所赞美的高尚品质，如果没有实践，德性就不会得到真正的涵养，也就不会开出真理的花朵，因此，适当地增加学生的社会实践活动，积极推动大学生投身社区服务，田野调查当中，可以帮助大学生在实践中正确认识其身上承载着的社会责任感和民族使命感，在不断探索学习中提升自身的民族自豪感。当前高校的实践方式丰富多元，如团委牵头实施的"寒暑假大学生三下乡社会实践活动"，各教学单位组织实施的教学实践活动，以及学校组织的各类"志愿服务"等。应将艺术类学生的专业特长应用到社会志愿服务、乡村振兴、区域产业发展之中，使学生深入了解国情省情，增强专业自豪感与志愿服务幸福感。艺术实践和思想政治教育结合，可以充分发挥艺术实践的作用，让学生体会艺术实践魅力的同时，进一步加强对自身理想信念的教育，提升自身的爱国主义情怀。在艺术类专业教育教学中，教师可充分利用课程的实践性，突破传统的重灌输轻实践的教育模式，调动学生积极性，让学生充分参与其中并达到享受课程内容的效果，体会艺术创作的深刻意义，从中汲取作品带来的精神力量。这样一来，不仅提高了学生的专业知识与技巧能力，还使学生养成了对于完美的追求。

艺术的教化作用自古被中西方学者所重视，因为艺术在学习的过程中会对人们的精神世界产生巨大的影响，艺术审美便有了其独特的精神文化价值，如果你阅读了一本好的作品，他就会对你产生正向的影响，引导你去学习书中人物的正向行为，反之亦然。因此，从某种意义上来说，艺术审美教育和思想政治教育两者之间有着一种相互联结的密切关系，所以，加强对于一个人的艺术审美教育，也就相当于加强了对这个人全面素质的培养。艺术在中国这片土地上有丰沃的土壤，有广阔的社会基础，具体该如何发展它，重点在于，人们要学会发现并欣赏美，这世界原本并不缺少美，缺少的是一双能发现美的眼睛，这有利于自身的精神境界的塑造。在艺术教育中融入思想政治教育具有天然的优势，艺术教育能满足大学生的专业需求，培育其创新思维和创造美的能力，更好地实现人的全面协调发展，让学生在审美文化的熏陶下更好地提升思想道德素养。

三、坚持"以学生为中心"

习近平总书记指出："思想政治工作从根本上说是做人的工作"。[①] 要实现思想政治教育贯穿各专业的人才培养体系之中的目的，培养合格的建设者

---

① 习近平.把思想政治工作贯穿教育教学全过程，开创我国高等教育事业发展新局面 [N].人民日报，2016-12-09（1）.

和可靠的接班人，促进人的全面发展，应深入贯彻"以学生为中心"的教育理念。"以学生为中心"的教育理念是教育学及人本主义互相交融的产物，已成为 21 世纪教育领域的新思潮。

"以学生为中心"有利于提升课程思政建设的有效度。近百年来，我国高校以传统的教学方式实施教学活动，如果教师对于某一种观点理解得比较透彻，其便被认为是这一领域里面的绝对核心，其他学生想要学习这一观点就要拜师学艺，而教师作为课堂的绝对主导者，其教授的内容就是权威，容不得半点质疑。这样一来，学生无论是在校园活动当中还是在学习当中，都是一个被动接受管理的角色，难免会出现懒惰和逆反的心理，学生对于学习的主体意识不强，没有正向的学习引导者，所以很容易造成教育的不完善。造成这样的结果之后，当学生进入大学校园，突然接收了一个叫作"以学生为中心"的教育观点，让学生发挥主动学习意识时，有些学生难免会不知所措，因为学习主体意识的缺失，学生自己也不知道自己究竟想要什么，久而久之，就会有学生出现彻底丧失对学习的兴趣的情况。传统教学理念的实质是以教学为中心、以知识为中心，看重教学内容而忽略教学方法的重要性。它在一定程度上忽略了学生的个性发展、思维能力的培养以及学生的真正需求。因此，学生很难有学习的动力，更缺乏自我探究、自主学习知识的积极性。而"以学生为中心"的教育理念强调学生在教育中的主体地位，倡导学校教育的一切改革均应以有利于学生的发展为出发点和落脚点，极大推动了教育观念、教育策略及教育管理的创新改革。我国"以学生为中心"的教育思想源远流长，并不断得到发展。早在 2000 多年前的春秋时期，教育家孔子就提出了"因材施教"的教育理念，这可以看作"以学生为中心"教育思想的最初萌芽。在"以学生中心"的教育理念下，综合艺术院校开展课程思政建设要立足各专业学生的特性，充分挖掘每个学生的优势和闪光点，充分了解和尊重学生的差异性，主动适应其个性发展规律，具体问题具体分析，因人制宜、因材施教，调动学生的主动性、积极性和创造性，从而有效促进学生个性的全面发展与多元化人才的培养。只有树立个性教育意识，提高教育的针对性，才能使教育内容和方法更恰当合理，提升课程思政建设的有效性。

　　"以学生为中心"应以了解学生的需求为前提。掌握学生的现实需求是综合艺术院校课程思政工作开展的前提，因此应坚持以学生为中心，从学生的个人特点、实际情况和现实诉求出发，关照学生现实需要。学生能否真正通过教师教学领悟知识，最主要的还是需要兴趣的指引，而学习兴趣就是发挥学生主观能动性的关键因素之一，通过教育教学调动学生的自主学习兴趣，帮助学生改善学习方法，与其一味地聘请高级教师来达到让学生听懂的效果，不如做到让学生对于这门知识感兴趣从而实现自主学习。在将知识教育同思想政治教育，德育结合起来的前提下注意不能将所有学生归为一个大类，要先针对不同类型的学生进行层次上的划分，再进行明确的分类指导，要确保学生的主体性绝不动摇，同时因材施教，尊重学生的个性化差异。授课过程中，在不完全抛弃传统的教学观念中的优点的同时，也要与现当代科技发展结合起来，多运用现代媒体等传播媒介的优势，进行课程创新改造，要做到随着时代的发展而更新，随着科技的发展而改造，这样才能全面地增强课程对于学生的吸引力。还要积极推进落实人文关怀方面的措施，体现"以学生为中心"的教育理念和工作追求，尽可能地解决学生在学习生活和就业方面所遇到的困难和问题，还要时刻重视大学生的心理健康等问题，面对有类似心理问题的学生，要做到及时疏导，耐心调解。此外，还要充分利用科研、组织、实践及课程等所有具有育人功能的载体，使得学生能够全方位多角度的发展，增强"以学生为中心"的教学理念的效果。在课堂教学中，每一位学生都希望自己的老师不是一个古板、守旧、只会照着黑板念一些晦涩难懂的文字的老师，都希望自己的老师能够活跃课堂气氛，能够和学生们打成一片，讲授的内容是新颖的、站在时代前沿的、有趣的理论和思想，不仅如此，老师还需要在课程讲述的内容方面，考虑每一位学生之间的差异性，不能快速地讲一遍理论知识就不再复习，也不应太多流连与引申运用而抛弃理论学习，既要坚决抵制照本宣科，也要尽量避免课程内容与生活实际有较大出入，这样既可以使学生简单高效地理解老师所讲的内容，老师在课堂上也没有那么疲惫，讲述更多有用的理论知识，师生之间无论是从学习方面还是生活层面都会得到事半功倍的效果。

"以学生为中心"应落实到各专业的人才培养方案中。学校要将全面提高大学生综合素质，提高人才培养质量作为各项工作的出发点和落脚点，克服只顾学校自身利益和发展而忽略学生的感受，甚至损害学生利益的行为。在学校的发展规划中，一定要体现出学校"以学生为中心"的发展目标和工作理念，要努力探索出符合"以学生为中心"这一目标的教学模式和管理体系，将"以学生为中心"的教育理念深入贯彻落实到每一个院系，以及各个行政管理部门和教学辅助机构中。学校要做到在给大学生制定培养方案，设置专业教学课程，编写教材教案，选择教学方法和创新教学管理机制等各项工作中，一定要坚持"以学生为中心"的理念，要遵循学生发展的客观规律，要能够充分挖掘学生潜力，将这些理念归纳在教学目标当中，并且实实在在地落实到每位学生的人才培养计划当中。要以学生的全面发展为目标。以多元的教育评价促进高校思想政治教育实现创新和跨越式的发展，包括对思想政治教育理论知识的评价、学习和运用思想政治教育知识能力的评价和情感态度价值观的评价等，以促进学生的全面发展。坚持"以学生为中心"，是科学发展观在高等教育领域的根本体现，它坚持以学生需求为核心，尊重学生的个性发展，将整个教育教学的重点转向了学生，体现了以人为本的教育思想。人类社会的发展需要这一批个性鲜明、具有强烈的创新意识、具有良好的社会道德规范的青年人才来推动革新，所以，教师对于学生个性的尊重，实际上就是对于学生人格的尊重，更是对社会发展强有力的支撑，因此，在发展学生潜力，制订教学方案的时候，一定要重视学生自身发展的需求，不能盲目，也不能只有一条发展方向，而是要进行多元化教育，这样才能充分发挥学生的主观能动性，让学生对自己未来的规划有参与感，这才是真正做到了以学生为中心，培养学生的创新能力。只有这样，才能使教学从单纯地掌握知识向实现人的全面发展转变，教师的教学开始关注学生学习能力的训练、学习方法的掌握及道德品质的养成，侧重于培养大学生在未来学习和生存中所需的道德品质和学习能力。在实施提升教学质量的管理过程中，每个学生都有不同的性格和喜好，教师应该针对自己班级上的每一个学生设定具体的教学措施，还要根据课堂上学生对于授课内容的不同态度，不断改善课堂教学内容和方式，创新出形式各样的教学活动来激发学生对于学习的兴趣，时刻关注班级上每一位同学的心理状况和发展情况，坚决反对整齐划一的纪律性管理方式，要真正地融入班级学生的整体当中去，了解自己的学生究竟想要的是什么，并根据自身能力帮助学生解决困难。"以学生为中心"的教育理念强调关心、尊重和理解学生，对高校建立健全全面发展的人才培养模式具有重要作用。

综合艺术院校的学生思维活跃，具有很强的个性，要想在课程思政建设中取得实效，必须贯彻"以学生为中心"的理念，充分调动学生的积极性。在遵循思想政治工作规律，遵循教书育人规律，立足各个专业、各门课程的特点的同时，学校还应遵循学生成长规律，将细化的培养分目标层层展开、环环推进，加强和改进课程思政工作，不断培养全面发展的社会主义接班人。

第四章
立足特色推进课程建设

艺术类专业课程教学具有鲜明的思想性、文化性、艺术性以及实践性等特征，因此，课程思政理念在艺术类专业学科中具有很大的融合空间。立足艺术类专业课程的特色，以思想政治教育视角去开展艺术类专业教育，是一种根据时代发展所规划出的一种全新的教育理念，是创新教育方案的一种尝试。站在艺术类专业课程的视角来看，推进课程思政建设，有利于艺术类教育教学的整体优化提高，有利于更加全面地培养学生的人生观、价值观，有利于帮助学生塑造一个更加稳定且丰富的精神世界，更容易培养出学生的优秀品质，有利于高校培养出一批具备家国情怀意识，民族自豪感和自信心的青年人才，有利于培养出符合社会主义现代化建设需要的优质复合型人才。

第一节　彰显课程特色

专业课程是高校开展课程思政建设的载体，课程建设是课程思政的"主战场"，能否抓好、抓牢课程这一关键点，事关课程思政建设的成败。《高等学校课程思政建设指导纲要》提出，要结合各专业的特点分类推进课程思政建设。对于艺术学类专业课程，提出了明确的要求："要在课程教学中教育引导学生立足时代、扎根人民、深入生活，树立正确的艺术观和创作观。要坚持以美育人、以美化人，积极弘扬中华美育精神，引导学生自觉传承和弘扬中华优秀传统文化，全面提高学生的审美和人文素养，增强文化自信。"综合艺术院校在推进课程思政建设时，要立足艺术类专业课程的特色，突出思想性，坚持艺术性，重视实践性，真正实现价值塑造、知识传授和能力培养相统一。

一、突出思想性

（一）增强课程的思想性，是落实立德树人根本任务的应然之义

宋代文学家周敦颐在《通书·文辞》中提出："文所以载道也。"文章如此，教育教学当中的课程也是如此。课程和学生之间的关系紧密且重要，培育学生离不开课程的辅助，一门优秀的课程能够开阔学生的视野，激发学生的潜力，甚至对学生的精神世界产生积极良好的正面作用。专业课程通过知识和技能的传授，使人掌握谋生的本领，推动了社会专门化职能的完成、科技的进步和生产力的发展。艺术类专业普遍关注教学的艺术性和知识性传授，忽视了学生精神领域的塑造和思想政治方面的培养，急需推进专业的教育教学改革。扎根在中国大地上，办中国特色社会主义大学，最主要的任务就是利用学生在大学的这段时间，将学生培养成为一名符合发展建设新时代中国特色社会主义的高素质青年人才和理想坚定，心向党中央的可靠的社会主义接班人。课程的思想性不可被忽视。课程的思想性首先是指在课程中要坚持正确的育人方向，坚守立德树人的根本任务。要回答好"培养什么人、怎样培养人、为谁培养人"的问题，高校课程必须具备足够的思想性。要帮助学生培养社会主义核心价值观，坚定理想信念，坚定文化自信，树立正确的人生观和价值观，以及正确的政治立场。

在人们的生命中，知识除了是谋生的手段和工具，还是培育高尚精神、远大理想和坚定信念的沃土。教师要通过他所讲授的专业课程，深挖其中所蕴含的社会主义核心价值观念并加以弘扬，让学生明确政治立场，树立正确的价值观念，心向正能量，培养学生追求真、善、美的精神诉求和人文精神，以期陶冶其高尚的情操；还应该致力于促进学生对于 5 000 多年来中华

文化博大精深的深刻理解和沉醉其中的深厚情感，培养其肩负社会责任感，饱含爱国主义精神的优秀健全的人格；培养学生的科学精神，训练提高学生对于未知事物的兴趣，对于感兴趣事物的求真精神，对于真理的不断钻研，对于已有事物的再度创新的意志品质，注重培养学生不抄袭，不编造，依据科学事实得出结论的科学态度，为国家的未来发展做出自己应有的贡献。

（二）增强课程的思想性，应把价值塑造放在课程目标的首要位置

人的全面发展从根本上来说就是实现人的自然性和精神性的协调统一。自然属性和社会属性是人的身上所具备的两种属性，作为两种属性的统一体，人的生命活动之所以不同于其他动物，是因为人的活动由大脑控制，也就是说人的活动是有意识的、有目的的、有思维能力和精神追求的。人是具有活跃"思想"的动物，"思想性"是人的本质属性之一。因此，人们对于生命活动的自觉性和思想性的提高与增强是近乎本能的反应，而这也是人之所以为人的内在要求。在专业课教学中忽视价值引领，必将导致信仰缺失、价值颠倒、意义世界被消解。课程知识的收获多少与学生思想品德发展水平高低之间具有价值不可分离性和价值一致性，而一致性是体现课程思想性的根本要求。课程学习内容的思想性体现了这门课程最根本的立场及其思想导向和价值导向，也就是人今后的发展方向和发展方式的问题，课程学习内容的思想性先反映的问题就是课程在培养学生方面的育人导向和课程目标上的发展属性或价值属性，课程学习内容的好与坏也会标示着学生是否能适应现当代社会发展，是否能成为一名对社会有用的人，而课程也从侧面反映了在现当代社会，究竟需要什么样价值观念和相关素养才会符合社会发展轨迹。

对于课程目标而言，最根本的任务就是应该坚持立德树人的立场，良好的课程教育内容不仅能够让学生获得知识，强化自身所拥有的能力，同时，还能起到引领价值导向，塑造优秀品格的作用。对于课程实施与设计来说，首要问题就是人的发展方向的问题，一个学生应该具有怎样的价值观念，在高校当中，他又应该树立起一个怎样的思想意识，政治立场，包括这名学生应该以何种态度来对待生命，这些都是课程目标的题中应有之义。每一个学

科都有其特定的学科思想，这种思想既是指导人们运用概括性、统领性的眼光来看待学科领域的具体问题的方法论，也是帮助人们解决该学科领域内纷繁复杂问题的一个价值准则。课程内容的本身也包含了丰富的思想内涵、价值观念体系和文化内容，这些内容的本质属性是思想性。因此，课程内容是学科思想性的具体阐述，而思想性则是课程知识的内容属性，思想性反映了课程内容的育人属性。

（三）增强课程的思想性，应不断挖掘思政元素充实教学内容

要想体现课程的思想性，需要用正确的思想意识、政治立场和价值观念来引导学生全面发展。突出课程的思想性，就应该贯彻课程思政理念，通过重组和相互借鉴的方式，拓宽高等学校艺术专业教学内容的边界，使得思政教育的价值和内涵进一步深化。在课程教学中，如何形成正确的人生观、世界观和政治立场，最关键的就是要融入社会主义核心价值观，从而引导学生建立正确的人生观念，实现家国情怀、社会责任感、民族自豪感还有科学精神及职业素养等方面的培养。

教师对思政内容进行挖掘、提取之后，要结合艺术专业课程的特征，寻找二者的契合点，然后利用艺术专业课的特点，创设教学情境，引导学生在其中进行组合式思考。无论是传统文化的思想元素，还是现代思想元素，都可以作为艺术教学的参考，以提升学生的思想政治意识，发展学生的综合素养。同时，教师还应注重艺术作品鉴赏和艺术作品创作中的思政元素。优秀的艺术作品常常蕴含着作者的丰富情感，教师要结合艺术家的思想情感与艺术表现力，为学生讲解艺术家在实践创作中的表现技巧，使学生深刻理解其中蕴含的思想价值。

总之，要想培养一位德智体美劳全面发展的优秀青年人才，就要在课程设计和实施的过程中，秉持着以马克思主义为根本指导，坚持社会主义教育的方向，这样才能真正培养出一位合格的社会主义建设者和接班人。

二、坚持艺术性

习近平总书记在给中央美术学院老教授的回信中指出：加强美育工作，很有必要。做好美育工作，要坚持立德树人，扎根时代生活，遵循美育特点，弘扬中华美育精神，让祖国青年一代身心都健康成长。艺术教育作为美育的重要组成部分，是开展实施美育工作的主要载体。综合艺术院校应遵循艺术教育的规律，既要让学生学习艺术知识，掌握艺术技能，具备较高的艺术鉴赏和创作水平；也要达到美育目标，通过专业艺术教育提高审美素养，陶冶高尚情操，塑造美好心灵，激发创新活力。因此，综合艺术院校开展课程思政建设应以党建为引领，以思政为导向，以艺术为基础支撑，坚持艺术性，用艺术课程蕴涵的思政元素教育学生、感化学生。

（一）坚持艺术性，通过艺术课程学习塑造健康人格

在艺术学习中，学生通过深入接触形式多样的艺术表现内容，能够感知世间丰富的情感，在这样的感受过程中，逐渐完善自身情感世界，塑造健康向上的人格。通常情况下，鉴赏创作艺术作品，要先感受作品当中所蕴含的历史底蕴，以及作者或者自身的人生感悟，去体会作品给人们带来的力量。同时，艺术既可以弘扬真善美，也可以批判世间的丑恶，通过在艺术中感受美与丑、善与恶，学生能坚定理想信念，在未来的生活工作中，充分实现自身的价值。

艺术教育可以提升学生的审美能力，完善学生道德品质，使学生拥有正确的价值取向。学生通过专业的艺术学习，能够提升自身艺术修养，培养审美意识，提升审美能力。审美观念是人类精神世界发展状态的反映，一个人的审美水平影响着他对外部世界和内心世界的认知。同时，艺术教育还可以丰富学生的情感体验，总结人与人交往的成功经验，提高情商。艺术教育可以充分培养学生的艺术素养，提升其审美水平，使其拥有高雅的审美情趣、正确的审美态度、良好的审美能力以及自主的审美意识，等等，推动其精神世界向着积极、乐观、高尚的方向发展。通过在艺术学习中不断感受艺术的魅力和思想的尊严，学生更能够萌生拒绝平庸的自觉性，克服精神虚无、不思进取等问题，成为有追求、有思想、有学识的时代新人。

（二）坚持艺术性，通过艺术课程学习培养创新意识

艺术课程可以解放学生的天性，培养其创新性思维。充分发挥学生思维创新能力最有效的方法就是扩大联想的范围，促使学生产生一些独属于自己的理解和认知，从而获取灵感，提高创新能力。综合艺术院校要通过两方面来启发学生天性，一方面是挖掘学习内容本身所蕴含的德育内容，另一方面要通过古今中外的优秀艺术作品给学生提供正向的、积极的价值观，这样才能让学生获得源源不断的创作灵感。专业教师可在教育教学中充分发挥特色优势，积极引导学生创作出具有创新意识的文艺精品。丰富多样的艺术以千姿百态展现于世，每一种艺术活动，或者每一件被大众认可和喜爱的艺术品背后，都是能够历久弥新、经受住岁月洗礼的作者思想的投射。

（三）坚持艺术性，通过艺术作品传递正确价值观

习近平总书记强调："艺术创作要思想精深、艺术精湛、制作精良。"[①]好的文艺作品是传播社会主义核心价值观和传播先进文化的重要媒介。艺术具有形象化的特点，其以生动的表现形式传递丰富的内在思想，相对于传统思想教育的抽象化和理论化特性，其更容易被大学生接受。一方面，艺术作品经过创作或改编，最后保持其客观本质并具象化存在。另一方面，其依靠主观意识将思想观念注入艺术作品中，成为宣传社会主流思想的优秀艺术作品，体现其社会价值。艺术教育资源多样，其在艺术课程教学中的巧妙运用，既体现出了艺术教育的价值，又能发挥思想教育作用。艺术源于生活，被创作的艺术作品都有其社会现实基础，内含创作者的思想价值观。教师可选取具有思想代表性的艺术作品作为教学素材，集艺术性与思想性于一体，结合艺术作品的特点剖析其表达的精神高度、格调品味，有意识地引导学生认同主流思想，树立正确的价值观。另外，艺术专业课程是中华优秀传统文化传承的重要载体。学生通过对传统艺术的欣赏与研究，了解当时背景下的社会与思想，取其精华，去其糟粕，促进艺术文化精髓的继承与发展。在艺

---

① 习近平.在文艺工作座谈会上的讲话[M].北京：人民出版社，2015:10.

术课堂中，学生有机会接触更多国家、民族、不同风格的艺术作品，引入国外优秀的艺术文化，并推动国内的艺术文化走向世界。

（四）坚持艺术性，通过提升人文素养促进学生全面发展

艺术课程还可以培养学生的人文素养，提升交流合作能力。艺术种类五花八门，内容丰富多彩，所以艺术教育能够吸引更多的学生接受艺术的洗礼，这无疑激发了学生对人文素养培育的期待和兴趣。并且，丰富多彩的文化艺术和社会实践活动不仅能够给大学生提供理论联系实际的机会，还能够锻炼学生人际交往与合作沟通的能力，培养学生的社会责任感。同时，还能使学生拥有高雅的生活情趣，提升学生的人文素养。艺术院校可充分利用艺术专业优势，与艺术实践教学有机结合，充分利用课内课外、校内校外和寒暑假期等多种渠道开展丰富多彩的实践活动。艺术实践不仅为他们提高专业技能提供了契机和舞台，也使得参与者能够在实践中体验、揣摩思想政治理论课课堂中所学到的理论，从而内化为自己的人生观、世界观、价值观。

（五）坚持艺术性，提升思想政治理论课的教学效果

综合艺术院校在进行思想政治理论课教学时，可尝试结合学生艺术专业课程的授课方式，鼓励学生利用擅长的艺术能力来辅助理论课程的学习，以此来提升学生对于思想政治理论课的认同感。思政教师要及时了解学生关注的时事热点，与学生交流观点看法，帮助他们理解党和国家的最新理论。同时，要鼓励他们将自己的观点看法融入艺术创作之中，锤炼自身的艺术专业能力。思想政治理论课教师要转变传统的理论灌输的方式，将政治思想理论与学生热衷的艺术元素相结合，提高课程的感染力。在互联网技术高度发展的今天，要充分利用网络资源和平台，进行情景式和启发式的教学，让教学内容更加生动，引导学生进行自主思考。

艺术是文化和思想的载体，是人类生活和工作中不可缺少的要素，是塑造人类精神世界的重要途径。艺术可以帮助学生感受情感的丰富性，培养创新和开拓思维，陶冶情操，完善人格，提高审美能力，树立正确的价值观。

综合艺术院校作为培养专业艺术人才的院校，应发挥专业艺术教育的优势，坚持艺术性，让学生在艺术学习中培养正确的价值观念。

三、重视实践性

实践是马克思主义认识论的基本观点。马克思在《关于费尔巴哈的提纲中》提出要在人的复杂的社会关系和生活世界中去认识人的本质。正如陆游在《冬夜读书示子聿》一首诗中提到的"纸上得来终觉浅，绝知此事要躬行。"，知识和真理经过实践检验，做到"知行合一"，认识才会更加深刻。实践与认识不可分割，理论知识必须用于实践才能体现其价值与意义，而认识的提升则可以更好地指导实践。艺术类专业课程具有实践性强的特征，专业教师可以将思想政治理论融于艺术专业实践之中，在提高学生专业技能的同时，更好地发挥思政内容的价值。

（一）开展实践教学要坚持"以人为本"原则

理论课的环境比较单一，要给学生创造一个可以为学生的学习提供服务的、多种多样的实践环境，充分发挥环境对学生的潜移默化的作用，通过创设环境来提高学生学习的效率。这样，就能让学生在一个行之有效的环境中加深对知识的认识，从而实现教学的终极目标。加强实践教学体系的建设，必须以"以人为本"的理念为指导。在进行实践教学时，要充分认识到其教育对象是学生，同时又具有一定的社会关系。要根据实际情况，适时地更新教育内容，在教育方式上进行改革，从而使学生的社会属性能够随着时代的发展而不断地变化。目前，人们面临着新的形势和新的挑战。推进高校思想政治工作既要应对挑战，又要把握发展机遇。在实践教学中，应该将学生的主观能动性、创造性都发挥出来，始终坚持以人为本的原则，指导他们在社会实践过程中，不断提升自身的实践能力和思想政治素质。

在理论课上所学的东西，要真正应用到实际中去，才能体现出它的价值。在进行实践教学的过程中，要想让知识入脑入心，最关键的就是要将其外化，并在持续的实践中，产生新的认识需求，进而让自己的认识持续得到提升，最终形成一个良性循环。实践教学的终极目标是让受教育者在与之相适应的实践活动中加深自己的认识，从而在实践中体会到思政教育的深刻内涵，进一步增强自己对共产主义理想的认同。实践教学的实效，既依赖于教师的主导作用，又依赖于学生的主体性参与程度。同时，实践教学内容要与学生的实际情况紧密地结合起来，它是使学生将理论与实际联系起来的桥梁。另外，要注意处理好各主体之间的社会需求和个人需求之间的关系。

（二）构建较为完善的实践教学体系

学校应高度重视实践教学，在整个教学过程中设置丰富的实践教学环节，构建较为完善的实践教学体系，全方位、多角度提升学生的创新意识和实践能力。对学生进行价值观塑造不应局限在课堂内，要充分发挥艺术院校的优势，利用社会实践对学生进行思想政治教育，通过实践活动的主题意义来引导学生对事物的正确认识，拓宽专业课程的广度，挖掘专业课程的深度，提升思政教育的温度。学校要充分利用当地的红色教育资源，到红色资源所在地开展艺术实践，使艺术类专业学生在艺术实践过程中接受更高层面的熏陶和教育。在开展艺术实践时，要为学生创造感受源远流长的中华优秀传统文化的机会，领略包容性和自身魅力，找寻中华民族的根与魂。

在实习实训中，按照理论与实际相结合的原则，注重学生学习研究领域、专业特点与实习实训任务的对应度，实现学有所用。学校可以通过广泛开展校地合作，拓宽服务社会的路径等方式，将思想政治教育融入社会实践、志愿服务、实习实训等活动中，创办形式多样的"行走课堂"。以云南艺术学院为例，近5年来，学校与百余家企事业单位建立协作关系，在人才培养、文化传承与创新、产品研发等领域开展广泛合作，取得了丰硕的成果。如在国庆70周年彩车设计、制作和展演，与地方政府连续20年共同举办的"民族文化主题创意系列活动"，数届中央电视台和地方电视台春节联欢晚会演出，以及国家重大节庆活动中均获得了良好的成绩，得到了社会各界的广泛认可。同时，学校积极助力脱贫攻坚，开展文化扶贫活动，在国家、地方的经济社会发展中，积极贡献自己的力量。

（三）重视各类竞赛在学生培养中的重要作用

努力适应社会对艺术人才的需求，推进教育教学改革，引导各专业人才培养目标向培养具有创新精神的复合型、创新型、应用型人才转变；以举办和参加学科、专业竞赛为载体，有效开展艺术创新实践活动，达到"实践教学、丰富教学、拓展教学、检验教学"的目的，进一步推动教学改革，完善具有艺术院校特色的实践教学体系。教学改革取得的成绩又丰富了学科、专业竞赛等创新实践活动的内涵和形式，最终实现学生创新能力的提高。要鼓励学生创作蕴含社会主义先进文化的优秀作品参加各类竞赛，既要参加"互联网+"大学生创新创业大赛、挑战杯、全国大学生计算机设计大赛等大学生学科类竞赛，也要参加"金钟奖""文华奖""孔雀奖""桃李杯""荷花杯""夏青杯"以及全国美术作品展览、中国曹禺戏剧奖、齐越朗诵艺术节、中国校园戏剧节、CCTV 全国电视舞蹈大赛等行业类竞赛，以赛促教，以赛促学，提升教学质量。

（四）加强实践教学基地建设

实践基地是高校整合社会各方资源建设的思想政治教育实践场所，加强实践基地建设是高校进行实践育人的重要方式。对于综合艺术院校来说，实践基地建设是课程思政教学长期稳定开展的基础保证，建立固定稳妥的实践育人基地，可以促使实践教学发展常态化。学校加强校地合作，与省内外企业、事业单位、地州政府等建立协作关系，积极搭建资源共享平台，共建实习实训基地，有效保证各专业的实践教学需求。要给予专项经费保障，主动探索、建设特色鲜明的实践基地，提高思想政治教育实践基地活动的吸引力，调动学生的参与热情。建设实践基地时，要充分考虑学校的个性特点，从学校自身的独特校情出发，分析学校思想政治教育实践育人的传统、优势及发展趋向，做出切实可行的计划，建设具有学校特色的品牌实践基地。艺术院校要根据专业课程的特征制定实践教育基地的建设规划，并在科学规范、资源共享、经济合理、功能实用等原则指导下进行建设。同时要积极争取社会力量支持，增加课程思政实践教学经费的投入。

此外，学校要出台关于实践教学管理、校外实践教学安全管理等制度性文件，对实践教学的内容、日常管理等方面作详细规定。将外出实践教学作为必修课程列入人才培养方案，设置实践教学专项经费，根据各专业实际提供相应的实践教学经费。学生外出实践时，要根据学生人数配备指导教师，全程开展教学指导，有效保障实践教学质量。

第二节　推进课程改革

中国办的高校是社会主义高校，而且是具有中国特色的社会主义高校。综合艺术院校虽然是开展专业艺术教育的院校，但应以培养德智体美劳全面发展的人才为己任，以培养合格的社会主义建设者和接班人为目标。"培养德智体美劳全面发展的人"回答了"培养什么人"的问题，"培养合格的社会主义建设者和接班人"回答了"为谁培养人"的问题，而课程思政为高校"怎样培养人"提供了一个"答题方向"，各门课程应主动按下"应答键"。课程思政建设为高校在新时代推进教育教学改革指明了方向，艺术院校应沿着这个方向进行课程改革探索。

一、重塑课程标准

艺术院校在开展课程思政建设的过程中，要紧紧围绕人才培养目标，坚决保证人才培养中心地位，以教育教学改革为动力，全面推进课程质量提升与教学改革工程，探索建立多样化人才培养模式，不断创新教学方式方法，强化实践和创新能力培养，建立符合经济社会发展需求，具有自身特色的多样化人才培养体系，着力培养学生的创新意识、实践能力和人文素质，逐步提升人才培养质量。

（一）明确课程思政教学目标

价值塑造寓于专业知识教育之中，培养符合社会主义接班人要求的时代新人，是中国高等教育的时代使命。课程是人才培养的基本单元，课程思政建设要取得实效，需要设置科学的课程标准，并在开展课程教学时落实到位。

作为学校统筹开展本科教学的职能部门，教务部门要牵头开展教学研讨，组织授课教师学习关于课程思政建设的政策文件，加强教师对课程思政的理解与认同。引导教师在制定课程目标时遵循国家的政治意志，遵循党的教育方针，并将其落实于课程教学之中。要认真分析了解政策文件对学生的价值养成的要求，以此为指引，有的放矢地设定教学目标，确立教学内容呈现的价值要求与价值标准，组织教学过程。在设定目标的过程中，要避免课程思政标签化、表面化问题，有其名而无其实。教师应将方针政策与价值观念内化于心，外化于行，作为自身开展教育教学的根本规范与支撑。教师要以国家出台的教育政策作为自身进行对照与学习的目标，不断完善自身对教育的认识以及对教育政治属性的具体把握。要以政策文件和课程思政理念体现的精神内核作为课程思政目标制定的依据与准绳。确立课程思政教学目标，需要教师基于对国家政策的理解，在高校教育教学活动中外显为具体可见的教学行为，彰显其育人价值。教师应将显性的、政治性与教育性结合的经验进行分析、拆解与重组，既要坚持正确育人导向，也要保证专业教学的质量，遵循教育教学规律。要切实形成对政治属性的深刻认知与透彻的理解，深化自身的政治意识，健全与完善自身的价值观念，基于课程本身蕴含的育人价值，在专业知识传授的同时，以潜隐的方式进行价值塑造。

（二）凸显价值塑造要求

思想政治教育的成效影响甚至决定着学生能否形成正确的价值观念，树立正确的思想道德意识，进而影响中华民族的未来发展。课程思政要发挥课程本身蕴含的育人元素，挖掘艺术专业课程自身蕴含的育人价值，提升专业课程的内涵。专业教师要从更高的视角去审视课程教学所有环节中的育人要素，既让学生掌握知识和获得能力，也让学生领悟潜隐于课程内部的思想价值。课程思政依托于课程蕴含的价值元素，课程体系建设提供了有利的价值支撑。综合艺术院校在开展课程体系建设时，要紧紧围绕"为谁培养人"这一核心要素，结合当前国家、社会背景对大学生的素质要求，提高学生为社会服务的意识，培养学生的社会责任感，力争做到知识、能力与价值观念养成的有机统一。着眼于培养社会主义建设可靠的接班人和建设者，培养适应伟大复兴事业需要的复合型、创新性、应用型艺术人才。

课程思政是新时代高校思想政治教育内涵式发展的有效途径，更加强调在调整设计课程方案和组织实施教学活动的过程中，立足培养新时代人才，立足推进中国特色社会主义的伟大实践，立足树立中国特色社会主义共同理想，立足中华民族伟大复兴的时代使命，在方向原则上把好"政治关"。综合艺术院校推进课程建设时，要站在正确的意识形态立场上，以意识形态观念的培养作为首要目标，引领学生的知识习得与能力培育。要充分发挥意识形态的潜移默化的作用，培养学生的理性精神，实现理想的育人效果。总之，课程思政是对思想政治工作的理念思路创新和方法模式创新，强调在课程建设与教学活动中，要坚持正确的价值立场和政治方向，但是创新不能偏离课程建设自身的价值遵循。

（三）贯彻以学生为中心的理念

采用以学生为中心的教学理念，能够有效推进课程思政建设，促进"育人"教学目标的实现。以学生为中心强调实现从"教为中心"向"学为中心"的转变，在尊重学生主体地位的基础上，以教师为主导组织开展教学活动。具体来讲，就是课程的教学目标、教学内容、教学方法设计都要以学生为中心，紧紧围绕学生的知识基础、能力现状和兴趣所在展开教学，提高学生的积极性，使其主动参与课程学习，提升教学活动的有效度。以学生为中心，就是要把学生看成"真真正正"的人，不仅要通过教育教学活动使其具备基本的生存技能，还要使其具备社会生活能力，引导其适应社会，融入社会，遵守社会秩序、社会公德，成为国家和社会经济、社会文化发展所需要的人。以学生为中心，就是要关注学生的内心世界，帮助其树立远大的理想，养成健全的人格。在开展专业课程教学时，更加关注课程的内在价值意蕴，在潜移默化中引导广大学生理解并认同中华民族伟大复兴的远大理想，在伟大复兴中明确个人的历史使命，实现国家民族之"大我"与个人之"小我"的融合。要重视学生精神境界的培养，以艺术课程为基础，以审美能力的提升为支撑，全面提高学生对美与丑、善与恶、真与假的辨识能力，实现信仰、人格、学识、能力的全面完善。

贯彻以学生为中心的理念，提高学生的学习兴趣和获得感，改变学生对理论学习的厌倦心理，为学生积极参与学习活动创造良好条件，这样才能发挥好各门课程在培养学生思想道德方面的巨大作用。但是，以学生为中心并不意味着忽视教师的主导地位。传统的以教材为基础的教学体系向以教学为中心的教学体系转化，用学生喜欢、认可的教学方式激发学生学习热情，依赖于教学活动的组织者——教师来实现。以学生为中心的教学理念以提出多年，已被广大教师所熟知，但要真正落实到每一门课程，还需广大教师在改革中不断推进，立足课程实际，革新教学观念，创新方式方法，把学生作为教育教学的出发点，把培养德智体美劳全面发展的社会主义建设者和接班人作为教育教学的目标。

二、完善教学内容

课程是人才培养的基础要素，课程大纲制定得是否科学、体系构建得是否合理、内容是否充实，直接影响着课程思政教育教学改革的进程和效果。学校要围绕课程思政建设目标，遵循课程体系和教学内容整体优化原则，开展教学大纲修订工作，不断优化课程体系和课程教学内容。教学内容要能紧跟时代发展，满足社会需要，体现自身特色，充分吸纳学科发展前沿知识，重视学生的兴趣特点、专业知识与素质教育、创新教育的融合，较好地满足专业人才培养的需要。

（一）科学编制教学大纲

为实现课程思政育人的良好效果，学校以国家及社会的发展需求为导向，以艺术类院校自身办学实际为基础，以课程的优势特色为突破口，制定科学客观、目标明确、定位精准的教学大纲，进行有针对性的课程教学活动。

第一，要做到大纲制定科学严谨，编制过程严格把关。学校必须摸清主客观条件，预判未来发展趋势，明确人才培养目标定位和人才培养标准，以契合国家社会发展形势和人才需求。教师要根据相应的学科、专业特性来进行课程体系的设计，紧紧围绕价值导向、能力培养和知识传授三者相结合的教学目标开展工作，教学设计和课程评价的各个方面都要体现思想政治功能，从而支撑课程育人体系。学校要以人才培养方案为依据，科学合理地制定教学大纲。教学大纲的编制工作由教务处统一组织，实行教学单位分管领导和系（部）主任负责制。在编制过程中，以系（部）为单位组织每门课程的所有任课教师参与研讨和修订，通过集体讨论促进教师对理念的理解。另外，要组织思想政治理论课教师与专业课教师共同参与修订课程教学大纲。通过教师间的交流学习，将课程思政要求科学合理地融入课程教学大纲，从源头上将思想政治教育落实到专业课程的教育教学中。专业课教师要在思想政治课教师的帮助指导下，结合所教授课程的内容，深挖潜藏于专业知识里的隐性教育资源，为思政教育提供源源不断的"活水"。

第二，要做到严格执行教学大纲，规范指导课堂教学。学校应要求授课教师严格执行课程教学大纲，并通过学生评教、教学督导督察等途径，了解课程教学大纲执行情况。课程教学大纲作为教学指导性文件，每学期开学前，教师必须依据教学大纲制订课程学期授课计划，学期授课计划需经系（部）审核通过后方可实施。教务处和各教学单位将课程教学大纲的执行作为教学运行管理与质量监控的重要内容。

第三，依托专业知识体系具体内容打造课程教学特色，对教学大纲进行调整和优化，形成特色鲜明的课程思政教学大纲。不同专业的知识体系不同，培养重点也是不同的。如理科要重点关注科学精神，工科要大力倡导工匠精神等。课程思政教学改革要与人才培养方案的修订结合起来，极大推动课程思政育人规范化、专业化的进程，最大限度提高人才培养质量。

（二）科学构建课程结构

课程结构影响着课程的具体实施，也影响着人才培养质量的高低。课程思政理念为课程结构的构建与调整提供了新的方法和路径。科学合理的课程结构与有效的教育教学改革密切相关。在全国高校深入贯彻课程思政理念的背景下，综合艺术院校要重新审视课程结构，按照人才培养目标，对课程体系改革与课程建设进行规划，实施课程体系改革建设工程，促进课程整体水平不断提升。要将思政课程、专业课程、通识课程、实践类课程等有机融于一体，兼顾"德"与"才"，优化各类课程之间的比例设置，构建德智体美劳五育并举的育人课程体系。

课程体系的构建是一项系统性工程，要做好整体设计与安排，既要注重先修后续，实现不同阶段课程之间的有序衔接；又要注重统筹兼顾，实现不同类型课程的有效组合和价值同构。当前，一些院校还存在着影响课程结构优化的不良因素，如学校和教学单位对各专业课程建设缺乏具体计划，教师对课程改革态度不够积极。在课程设置上仍存在"因人设课"的现象，部分专业的课程体系没有按照专业方向设置课程，选修课程根据本专业教师学科背景和研究领域来设置。在课程结构优化、课程内容更新、教学方法改革等方面缺乏具体措施，教学团队与课程负责人制度落实也不到位，导致课程建设仍处于"单打独斗"状态，不利于打造高质量的课程。要杜绝这些现象，就要不断更新教学理念，加强课程建设规划。充分发挥学校教学指导与专业建设委员会的作用，以专业建设为依托，加强课程建设的顶层设计，做好学校课程建设规划；不断引导和推动教师转变思想观念，更新教育理念，激励教师加大对课程建设的精力投入，促进课程成果产出。构建贯彻课程思政理念的课程体系，需要遵循学生的知识习得规律，学生成长的阶段特性，处理好课程之间的有效衔接和有序组合，特别是思政课程与其他课程的相互融合。

（三）注重将科研转化为课程内容

树立科研促教学的自觉意识，完善科研成果转化教学成果的机制，强化科研建设对专业教学的提升作用，使科研成果入课程、入教材、入实践，全方位服务于人才培养。一是入课程体系。以支撑人才培养目标为导向，把教师的相关研究成果融入专业课程体系，设为方向明确的专业课或设计为课程质量工程项目，最大限度地实现科研对教学的反哺。以云南艺术学院为例，专业教师将设计类科研项目《民族民间工艺产业化研究》的研究成果应用于设计学院"云南民族民间文化考察与非遗保护""云南特色民间工艺"等课程；舞蹈类科研创作项目《独龙情怀》《阿罗汉》的创作展演成果应用于舞蹈学院"云南少数民族代表性舞蹈"等课程。二是入教材建设。围绕人才培养目标，紧扣专业教学需求，鼓励教师尽可能把自己的研究和创作成果形成教材、参考教材或教学参考书。以云南艺术学院为例，该校出版的音乐类书籍包括《中西歌唱艺术比较研究》，舞蹈类书籍包括《云南少数民族代表性舞蹈系列教材——佤族、基诺族、纳西族部分》，设计类书籍包括《云南特色民间工艺系列丛书》《室外环境设计》，美术类书籍包括《绝版套色木刻》《云南民族美术概论》，等等，发挥了科研成果对教学的反哺和提升作用。三是入教学实践。学校不仅视教学实践为学生培养的必要环节，还特别强调了其在人才培养中的重要性。近年来，本科生参与教师项目的人数逐年增多，通过参与项目实践实训，帮助学生将知识转化为能力，提高人才培养质量，如2017年度国家艺术基金"民族舞蹈教育人才培养"以及大型舞台剧《星际奇遇记》等项目的实施都以本科生为主。

三、激活课程教学

大学生的"抬头率"不高，是当前课堂教学存在的一个影响教学效果的重要问题。要让学生"抬起头"来，应该营造充满活力的课堂，激发学生的积极性和创造性，让学生主动投入学习活动中。

（一）以多样化的教学模式激活课程教学

综合艺术院校在人才培养方面应遵循艺术教育规律，以满足经济社会对人才的需求为导向，以培养学生的实践能力和创新意识为重点，将教育教学与中华民族优秀传统文化的保护传承相结合，深化人才培养模式改革，建立多样化的人才培养模式。一是"政产学研用一体化"人才培养模式。由传统单一的课程教学模式向理论与实践相结合的模块体系教学转变；由单一的服务教学的教学手段向具有一定创新和研发能力的实验教学转变，实现"政产学研用一体化"的特色教学模式。二是"田野＋课堂"人才培养模式。在实践教学中，鼓励师生深入民间，开展科学研究，将田野和课堂紧密结合，科研和教学紧密结合，继承和创新紧密结合，以此促进教学内容和方式方法改革，提升教学水平。三是"1+3"人才培养模式。部分专业可在大学一年级按专业培养，进行专业基础必修课程的学习，大学二年级根据双向选择原则，按培养方向开展模块化或工作室制教学，以此搭建符合学生发展的、多元的学习和成长路径。四是"以项目带动教学"人才培养模式。将人才培养与项目合作紧密联系起来，学校与项目合作方共同举办各类艺术创意活动，充分展示学生的创意能力，让社会检验艺术创意的成果，让优秀的艺术创作案例直接服务于社会，最大限度地凸显艺术创意的价值及意义。

学校可通过教改项目、教师教学大赛、示范公开课等多种形式，引导教师不断更新教学理念，以学生为主体，以学生学习为中心，积极探索教学方式方法改革。在教学过程中积极采用探究式、参与式、启发式、讨论式等多种教学形式，综合运用"文化传承保护＋创新""项目＋实践""田野＋课堂""互联网＋教学"以及教学工作坊等教学方法。多样化的课程改革措施对激发学生的创作热情、培养学生的创造性思维和艺术创新实践能力可以起到良好的促进作用。如云南艺术学院基于"项目＋实践"教学理念举办的艺术创意活动，自2004年始，已成功举办二十期；自2009年始，各学科每年都会举办基于"文化传承保护＋创新"理念的非遗进校园活动。

（二）通过社会服务丰富课程教学内涵

加强校地合作，提升服务社会能力，可以为教学活动拓展广阔的天地。学校可通过广泛开展校地合作，拓宽服务社会的路径，将思想政治教育融入社会实践、志愿服务、实习实训等活动中，创办形式多样的"行走课堂"。

通过与企事业单位建立协作关系，在人才培养、文化传承与创新、产品研发等领域开展广泛合作，实现共赢共发展。同时，学校要积极对接国家重大发展战略，服务国家社会发展。如助力乡村振兴，到乡村开展文化扶持活动，在国家、地方的经济社会发展中，积极贡献自己的力量。如云南艺术学院组织学生结合专业走进社会、走进基层、走进农村、体验民情、了解国情。连续多年组织"大学生三下乡社会实践工作队"，深入我省 10 余个地区开展文艺演出、壁画绘制、留守儿童夏令营、文艺爱好者培训班、脱贫助困等活动，受到社会各界广泛赞誉，让学生在实践中受教育、增才干、长见识、作贡献。"行走的课堂"更鲜活，更易于实现课程思政的培养目标，教师应引导学生形成正确的意识形态，树立正确的价值观念，内化于心，进行合理的价值判断。面对社会服务中产生的问题和困难，教师应引导学生学会理性客观地分析，在此基础上进行正确的价值分析与判断，实现对学生的价值观塑造。教师应扮演好引导者的角色，鼓励学生自主思考，提出自身的观点与看法，在对现实问题的分析与探究中凝练自身的观点，提升理性分析的能力。

（三）以多样化的评价方式优化课程教学

在规范课程考核方式的同时，实现评价方法的多样化。根据艺术类专业特点，将学习评价与学习成果展示有机结合，将过程性评价与终结性评价有机结合，形成一套符合专业特点的发展性考核评价体系。一是提高过程性评价比重，鼓励专业课程提高平时成绩占期末总评的比例，部分专业将作业直接作为课程考核成绩评定的依据，引导学生关注课堂和作业，有效地提高了课堂教学和课程学习效果；二是提高考核评价环节开放度，把考核作为学生自我展示的平台，学生通过画展、音乐会、汇报会、展演活动等各类展示形式完成考试，考核过程对外开放，校内师生和社会人士均可观摩，教师在展示过程中对学生作品进行集体评分与点评。同时，加大对考务人员的培训力度和对学生的诚信教育力度，严肃考风考纪，营造良好考试氛围。

（四）从优秀传统文化中寻找活力

综合艺术院校要做到以美育人，以美化人，传承、弘扬中华优秀传统文化，并以此来促进专业教学。中华文明源远流长，传统文化丰富多彩，艺术学院耕耘于民族文化的沃土之中，在努力提升人才培养质量的同时，应积极推进民族文化的传承与创新，促进多民族文化交融，促进中华民族文化认同。通过开展非遗进校园、举办艺术创新创意主题活动、申报项目、创作展演、打造民族文化特色课程等方式，推动民族文化创新发展。要把树立文化自信有机融入教育教学，将中华民族文化的优秀基因植入广大师生的灵魂之中，为其提供正确的精神指引，实现知识传授与价值塑造的统一。近年来，云南艺术学院立足丰富的文化资源，创作了《张桂梅》《小萝卜头》《独龙情怀》《茶马古道梦·一带一路情》《西部版画新力量》等一批颂扬主旋律的作品，并在国内20余个省市和周边国家巡演（展），通过文艺作品向社会传递社会主义先进文化，向世界传播中华优秀文化，为"一带一路"创造良好的合作交流环境。

同时，学校致力于将云南优秀的文化艺术资源融入本科教学，使学校人才培养与民族文化艺术保护传承和创意以及社会经济发展连接起来，"非物质文化遗产传承人进校园"便是其中重要的途径。多年来，学校每年都开展"非物质文化遗产传承人进校园"活动，先后邀请了近百位国家级、省级、州市级非物质文化遗产代表性传承人进校园，在进课堂中与师生进行教学互动，在汇报展演中展示民族文化艺术的魅力，以此实现高等教育机构与民族民间的连接，使优秀的民族民间传统文化艺术在学校教学中得到传播与传承，在高校师生的创意实践中得到弘扬。

第三节　注重示范引领

综合艺术院校在全面推进课程思政建设的过程中，应发挥优势，聚焦特色，秉持"让思政更加艺术，让艺术更加思政"的理念，使各类课程与思想政治理论课同向同行，形成协同效应。学校要立足自身实际，寓思政教育于专业教育之中，让学生在学习中接受思政教育，在创作中感受思政教育，在展演中弘扬社会主义先进文化，探寻一条高校艺术学科全面推进课程思政建设的有效路径。要注重优质课程和项目，以及优秀教师的示范引领作用。教育部在《关于深化本科教育教学改革全面提高人才培养质量的意见》中提道：推出一批课程思政示范课程，选出一批课程思政优秀教师，建设一批课程思政教学研究示范中心，引领带动全员全过程全方位育人。[①] 以"示范引领"一个点，牵引二级学院一条线，进而带动全校整个面。

（一）培育示范性课程

要想设立优秀的思政课程，需要从整体上进行把控。以道德教育为主要方向，融合学校的人才培养计划，结合不同专业的特点将教育教学过程中所用的资源加以整理。要不断完善建设管理机制，打造优质课程资源。从校级优质课程、特色课程、精品课程入手，构建涵盖"申报、遴选、建设、成果展示、验收"等环节的管理机制，充分调动各教学单位和教师的积极性，努力打造一批有特色、有优势的优质、特色、精品课程。将好的课程案例作为基石，再融合思想政治理念，加强各类专业精品案例对人的教化功能，选择出引领作用相对较强的精品课程案例，带动其他领域课程的思政发展，进而推动学校课程思政建设发展，提升课程思政教学质量。

创立精品思政课程，全面调动其作为精品课程的示范和引导作用，对于加强思政示范课程的效果，构建学校思政课程有巨大的作用。通过示范引领，改变思政教育的内容和形式高效利用现代网络技术，从问题的方向出发，在专业知识与思想政治教育的融合中，培育学生潜在的思政知识。通过示范引领，引导教师树立育人意识，提升育人能力，不断完善课程思政教学内容，探索切实可行的教学方法，构建高校体育课程全新的育人体系，更深

---

① 教育部. 教育部关于深化本科教育教学改革全面提高人才培养质量的意见 [EB/OL]. （2019−10−12）[2023−01−15]. https://www.gov.cn/xinwen/2019−10/12/content_5438706.htm。

入地思考德育内涵及实施举措。引导教师既要关注教材本身，也要跳出教材，联系生活实际，从中吸取优秀的教学理念与方法，从而将其推广至其他课程的建设过程中。重视优质课程思政资源的开发，建立涵盖国家级、省级和校级示范课程、教改项目、优秀案例的校本教学资源库。充分利用信息网络技术，自主开发优质网课，丰富网络课程资源。在强化优势特色课程的主体地位的同时，把符合条件的课程转化为慕课、网课，实现课程资源全方位共享，适应当前教育发展趋势，遴选精品网络课程，逐步构建网络课程资源库。资源库向全校教师和校外教师开放，扩大示范课程的育人功能，帮助专业课教师提高政治素养，拓宽专业视野，增强育人本领。

（二）培养示范性教学团队

教师是人才培养水平高低的决定要素，课程思政建设要想取得成效，必须培养一批优秀的教师队伍。在推进课程思政建设时，学校应建设培养课程思政示范性教学名师团队，推广优秀教师教学经验，通过引领带动，提高全体教师的思想政治素养和整体教学水平。学校要整合教师资源，鼓励思政教师和专业教师组成课程团队，让教师在合作教学的过程中不断反思，分享课程思政实践经验，增进了解，提升能力。

对已有优秀教学案例中的教案、大纲编写和思政资源深入挖掘，在课程思政理念指导下，结合其课程的教学特点，更新知识体系，对教学活动进行整体性的重新设计。

通过举办以课程思政为主题的教师教学创新大赛，以赛促教，以赛促学，让广大教师在竞赛中充分展示才能，相互交流和学习。对于竞赛中脱颖而出的教师，应表彰奖励，树立榜样，并组织优秀教师交流分享教学经验，为广大教师提供借鉴。通过举办"课程思政"教学比赛，不断磨砺广大教师群体的专业技能，提升教师群体在思政课程建设过程中的创新性与主动性，促使其主动提高教学能力和综合素质。各门课程都蕴含着丰富的思想政治教育资源，但不是每一位教师有具备课程思政意识，也不是每一位教师都具有挖掘运用思政教育内容的能力。教师群体在课堂中传授知识与教育学生，正体现了思政教育教学中对人的培育作用，极大地发挥了育人功能，而这些往往需要教师在比赛中挖掘各门课程中蕴含着的思政元素。在以往的教学比赛中，人们往往只注重赛事的组织和评选，忽视了赛后的总结。要对整个教学比赛进行全面的总结，组织教师进行经验交流，让获奖教师分享好的经验，让未获奖的教师找到自己的差距和不足。

（三）打造示范性艺术活动

在"三全育人"视域下，育人的场域不再仅仅局限于课堂之内，而应扩大至课堂之外的广阔天地。综合艺术院校要充分利用自身优势，发挥自身特色，结合艺术专业开展丰富多彩的社团活动、展演活动、社会实践活动。以艺术专业为支撑，打造具有品牌效应的示范性艺术活动，能够促使参与的学生在专业能力得到提升的同时，道德修养水平也有所提高。学校团委要牵头实施好校园文化活动，各教学单位要组织实施好艺术实践和毕业展演活动，多部门发力，全员参与，打造具有整体性、长期性和规律性的艺术活动，创造良好的育人环境，拓宽育人的空间。在众多的艺术活动中，要总结凝练特色，树立品牌，增强其在师生中的感召力，扩大其在社会中的影响力。品牌艺术活动是落实"三全育人"理念的具体形式，既打通了理论与实践之间的障碍，也搭建了专业学习与价值塑造之间的桥梁，还丰富了高校服务社会的路径。

鼓励师生结合思政课程、专业课程、公共课程等打造艺术活动。以社会主义核心价值观为内容，以倡导健康活泼、高雅向上的校园文化为重点，将校园文化活动与大学生素质教育和自我塑造有机结合起来，开展形式多样的校园文化活动。通过不断参加艺术活动，提升艺术院校学生爱党爱国的热情，增强心中的责任感和使命感。组织各类活动时，要与教学安排相结合，与思想政治理论课程、公共基础课程和专业课程的教学进度相衔接，实现课堂教学和实践活动的同步性。艺术院校应调动学生的积极性，发挥专业特长，引导和鼓励他们对中华优秀传统文化进行传承创新。在组织开展艺术活动的过程中，要高度重视学生的主体地位。学生并不是艺术活动中的被动执行者，要充分了解学生的专业水平和思想情况，让学生自主确定活动形式，制定活动方案，培养学生对艺术活动的积极性和认同感。只有学生参与得越深入，活动育人的效果才更加明显。

二、建立激励机制

每个教师在工作、学习、生活方面都有自己个人的需求，并为实现这样的个人需求而努力工作。当个人需求得到充分满足时，这种被满足的心理状态将使教师向着更高、更远的目标前进。善于使用激励手段的学校，将会极大地激发高校教师的内在动力，引导教师勤奋工作，寻找提升教学质量的途径，以此实现学校整体的育人目标。建立有效的激励机制是将课程思政建设目标转化为实际成果的重要手段之一。学校要善于综合运用多种激励手段，并建立起科学规范的运行机制，充分激发授课教师的内在动机和潜能，使其产生强烈的推动力，努力实现教学目标。因此，为调动广大教师的积极性和主动性，高校需要不断完善教师激励机制。

（一）以科学的考核量化为基础

建立科学规范的激励机制，对充分调动和激发教师在教学工作中的积极性、创造性，引导教师投入更多的精力开展课程思政研究具有十分重要的作用。教师激励机制是高校人力资源管理的重要内容之一，其核心要义在于厘清教师的权利和义务，在满足教职工需要的基础上，促使他们全身心投入工作岗位。高校应建立科学完善的考核评价体系，通过对教师开展课程思政建设的成效进行量化考核，通过公正、客观的考核对教师的育人情况给予一个科学合理的判断，为教学评价提供一份客观的依据。

要让激励机制发挥出应有的作用，就要从政策、制度、管理入手，加快推进课程思政工作的考核奖惩机制建设。建立健全凸显育人效果的绩效考评机制，在年度考核、分配制度改革、职称评聘等方面注重体现育人的核心地位，加大对育人方面成绩突出的部门单位和个人的表彰力度。结合绩效工资和分配体制改革，制定科学合理的绩效奖惩制度，将经费分配、绩效工资发放与课程思政的有效度有机结合，充分调动教学单位和教职员工的积极性、主动性，进一步激发教学单位和教师的内生动力和发展活力。在确立以量化考核为评价标准的过程中，首先，要对考核的目标进行确定，确认考核要达到什么样的效果，对教育者进行监督，提高教育者的专业教学技能，将教学理论与在课堂中的实际教学相结合，提高教育工作的效率，推动思想政治教育质量的提升。其次，要科学设定考核评价主体、被评价对象以及评价的内容。为保证考核评价的公正性、合理性、全面性，要将学校领导、教学单位领导、相关职能部门教师以及学生等人员列为评价主体，将所有课程的授课教师列为考核对象，将教师开展课程思政的方式方法，在课程中挖掘出的思政元素，以及最终的效果等作为考核评价的内容。在此，要建立可评价和量化的考核体系，确定评价体系中的评价要素和所占比例，丰富评价的手段和方式，根据评价结果对高校教师进行奖励和督促。通过落实量化考核的激励机制，充分调动授课教师投入课程思政改革与研究的积极性和主动性，促使教师不断进行理念更新、能力提升和知识迭代，通过课堂教学贯彻落实"立德树人"根本任务，切实提升课程思政教学质量。

（二）建立"评价—反馈—改进"激励机制

建立激励机制的目的是实现学校的教育教学目标。学校实施激励措施的目标在于充分调动教师积极性，使其高效圆满地完成教学任务，引导教师将个人奋斗目标和学校发展目标趋于一致。在客观评价的基础上，要重视反馈的积极作用，通过反馈对教师开展课程思政建设进行有效的引导，促使高校教师自觉发挥潜能，为圆满达成教学目标而努力工作。

建立"评价—反馈—改进"激励机制，对于提升课程思政建设质量具有重要意义。学校在实施过程中，可针对教师在教育教学中产生的有利成果、不利后果以及出现的问题进行科学分析，并及时将这些信息反馈给教师。教师可以根据反馈结果不断修正教学中的不足，实现改进提升。学校在实施"评价—反馈—改进"激励机制时，要适时地进行调整优化，减少激励机制的负面效果，不断提升激励机制的正效应。"评价—反馈—改进"激励机制是一个动态发展的运行体系，它以客观科学的评价为基础，以正向肯定与反向督促为手段，对教师的课程思政教学效果进行动态评价，实现持续改进。

（三）兼顾物质与精神两种激励手段

要不断丰富完善教师激励机制的策略，对于在推进课程思政建设过程中取得成果的教师，应给予绩效激励，提升教师的教学热情，引导教师将课程思政建设切实贯彻到教学工作中。学校可采用设置专项经费进行激励的方式，还可采用将课程思政教学成果纳入年度绩效考核的方式，奖励积极主动参与课程思政建设并取得良好育人效果的教师，提高教师的参与积极性，深入推进课程思政建设。科学合理的绩效激励有利于充分调动广大教职工的工作积极性。因此，在建立激励机制时，应合理设置绩效激励的内容。可以根据教师的个人专长和所教授的课程，鼓励教师立足自身优势进行深度研究，挖掘自身潜能，发挥薪酬的激励导向作用，更好地满足广大教师自我价值实现的需要。

人的需求包括物质需求和非物质需求，当人们在物质性需求得到满足之后，还会渴望非物质性的精神激励。精神的鼓舞和激励对于一个人的工作和生活至关重要，高校教师也不例外。精神奖励有利于提升教师的职业认同感和职业幸福度。当前高校举行教师节表彰大会，表彰突出贡献者、敬业奉献者等，极大地激发了教师的教学热情。因此，要推进协同育人工作，需要选出在协同育人工作中表现优异的教师并进行表彰，这样不仅能帮助教师实现自我创新的驱动性发展，而且能通过先进典型调动其他教师主动参与协同育人工作的积极性。当前，在教师的评价考核、职称评审和晋升等体系中，学校过分注重教师论文和项目的数量，而忽视了教师其他方面的成果，包括德育成果。因此，教师开展课程思政协同育人工作的积极性不高，有必要在教师的职称评审、晋升等方面加入协同育人工作建设的评价要素，让教师愿意甚至乐意开展协同育人建设工作。

另外，学校要为教师的个人成长和才能施展创造良好环境和条件，通过改善教师的工作环境，提升软硬件水平，营造健康向上、科学民主、和谐高效的工作氛围，感受学校对自身价值的认可。建立以提升课程思政建设效果的激励机制是一项较为复杂的工作，既要适应高等教育改革要求和自身发展实际，又要尊重教师自我实现、自我提升、自我发展的精神追求。只有这样，才能有效引导广大教师的主动改革和创新，引导广大教师全身心投入课程思政建设工作。

三、支部引领支撑

2021年4月，中共中央印发的《中国共产党普通高等学校基层组织工作条例》对高校思想政治教育工作提出明确要求：高校党组织应当充分发挥课堂教学的主渠道作用，推进课程思政建设，拓展新时代大学生思想政治教育的有效途径，形成全员全过程全方位育人的良好氛围和工作机制。[1] 通过将支部党建工作与课程思政深度融合，建立"党建＋思政＋艺术"的育人模式，推动党建与课程思政相互促进，形成以党建为引领的思政育人体系。相关专业类院校在构建课程思政体系时，既要坚定地坚持党的引领，发挥党组织的重要作用，也不能忘记发挥党员教师的模范引领作用，要实实在在承担起在新的发展环境中高等院校的育人责任。

（一）将课程思政作为基层党组织建设的重要任务

立德树人是高等学校的根本任务和光荣使命。回顾历史，人们可以得到一个明确答案：坚持党的全面领导是高校开展好育人事业的前提，只有这样，才能牢牢把握教育的总体方向，才能培养出国家和社会所需要的高水平人才，才能在中华民族的复兴道路上发挥应有的作用，实现自身的价值。作为高校基层党组织的教师党支部，要坚持党的全面领导，不断加强党建，以高质量党建引领教育教学事业高质量发展。各二级学院（系部）教研室是落实课程思政建设任务的一线阵地，在开展人才培养工作的同时，要不断加强

---

[1] 中共中央. 中共中央印发《中国共产党普通高等学校基层组织工作条例》[EB/OL].（2021-04-22)[2022-06-15].]http://www.moe.gov.cn/jyb_xwfb/s6052/moe_838/202104/t20210422_527716.html.

党的基层组织建设，创新和改革工作方式，提高基层党组织的战斗力，始终坚持党的领导，始终坚持社会主义办学方向。

在推进课程思政建设的过程中，党支部应积极贯彻落实学校顶层设计，科学制定支部推进课程思政建设的总体规划，将课程思政建设情况纳入支部的重点工作，作为"三会一课"的重要学习内容，打牢育人的思想理论基础。党支部要善于整合课程思政教学资源，发挥思想引领、制度保障、经费支持等多方面作用，搭建教职工交流学习的平台。要做好宣传动员工作，让教师理解课程思政的内涵，明晰开展课程思政建设的方向，深刻认识课程思政建设对于贯彻落实立德树人根本任务的重要意义。要努力消除教师对于课程思政的误解，让广大教师明确一点：开展课程思政建设不是简单的"思政教育＋课程专业知识"，要以深刻学习领会思想政治理论为基础，以课程蕴含的丰富思政资源为依托，以"润物细无声"的方式方法为途径。要立足党支部所辖各专业的特点和优势，遴选一批专业课程，树品牌、扬优势，形成自己的课程思政特色。教师中的党员干部要发挥先锋模范带头作用，做学习的领头雁，实践的带头人，做好人才培养方案的修订和课程教学大纲的完善工作，努力建设示范课程，申报示范项目，积累优秀案例，将立德树人根本任务落到实处。

同时，为了让课程思政建设充分融入基层党组织建设之中，应将课程思政建设纳入党支部的年度考核评价指标体系，把党支部开展课程思政建设的成效作为衡量支部工作的重要考核标准。

（二）将课程思政作为支部活动的主要内容

站在三尺讲台上的教师，是立德树人事业成功与否的关键力量，师德对学生的价值塑造影响深远。因此，党支部要通过各种形式积极开展思想政治理论学习，坚持用党的创新理论成果提升支部党员的政治理论水平和思想道德修养，引导教师用科学理论指导教育教学工作，教师将党内的政治生活、思想政治建设与课程教学融合为一体，进一步夯实教师开展课程思政建设的思想理论基础，提升教师自觉开展课程思政教学活动的主动性和积极性。

教师群体是联系学生与学校的桥梁，因此，教师党支部是高等院校坚持实施党的路线、方针、政策的重要实行者。从全面发挥新时代下教师群体的模范作用角度出发，发挥教师党支部的政治核心作用，高校必须重视教师党支部的发展。课程思政是新时代党和国家落实立德树人根本任务的创新举措，作为高校基层组织的党支部，要主动担当作为，站在民族复兴伟大事业的高度来推进课程思政建设工作。要将课程思政建设作为党支部活动的重要内容，通过"三会一课""主题党日""万名党员进党校"等活动，向教师宣传课程思政方面的政策。教师党支部应与时俱进，转变观念，创新思维，主动研究制定适合本专业育人实际，党建和课程思政相协同的个性化教学育人模式，将党建作为推进课程思政建设的坚实支撑，将课程思政作为加强教师党支部建设的创新路径。支部要结合实际，设计一系列特色鲜明、主题突出、富有感召力的支部活动，努力营造每门课程有思政、每位教师讲思政、每位学生悟思政的良好育人氛围。要组织教师开展集体讨论、集体备课、专题辅导等党支部活动，立足专业课程特点，将课程思政建设走深走实，将课程思政理念融入每一个专业和每一门课程，将知识传授和价值塑造的"两条渠"，汇成立德树人"一条河"。另外，教师党支部还可以通过组织教师参加专家讲座，到红色教育基地开展实地学习，不断加强教师队伍的党性教育，使广大教师时刻牢记为党育人、为国育才的使命担当。

课程思政建设的成效如何，最终将取决于教师课程思政能力的高低。要把支部打造成政治理论学习和课程思政能力提升的学习平台。在扎实开展政治理论学习的基础上，把专业课程思政元素挖掘、教学方式方法运用、教学经验总结交流等教研活动与支部活动相结合，引导教师回归初心，牢记为党育人、为国育才使命。要发挥党支部中教学名师、教学能手、优秀共产党员等先进人物的模范带头作用，鼓励他们认真总结课程思政的建设经验，带动全体教师，特别是青年教师提升育人意识和育人能力。要组织遴选典型案例、优秀课程和优秀课件，在不断积累、总结、改进中推进课程思政建设。

（三）不断完善"党建＋思政＋艺术"育人模式

在课程思政建设中，要充分发挥教师党支部的政治引领和组织保障作用，激发其凝聚力和战斗力，使教师党支部成为课程思政建设的重要实施者和推动者，在育人工作中发挥强大的核心辐射作用。党支部在推进课程思政建设过程中，必须始终坚持以习近平新时代中国特色社会主义思想为指导，以习近平总书记关于教育的重要论述和关于思想政治教育工作的重要论述为遵循，为课程思政建设提供正确的政治引领。要不断优化工作机制，建立党支部工作与课程思政教育教学相协调的运行模式，挖掘并建立二者共同的思政教育资源库。通过不断加强党的建设，提升教师的马克思主义理论素养和师德师风修养，充分发挥每位教师党员在课程思政建设中的先锋模范作用。

作为综合艺术院校的教师党支部，既要将党的建设和课程思政建设一体化推进，深度参与育人工作，发挥支部党建引领功能，不断优化提升"党建＋思政"建设机制。还要立足专业实际，在"党建＋思政"的基础上，融入"艺术"特色，让学生以自己喜爱的方式接受思想政治教育，进而走出一条适合于综合艺术院校自身发展的课程思政建设路径。

推进高校教师党支部在课程思政建设方面的实践创新，既是贯彻党的路线、方针和政策的体现，也是贯彻落实党对高校思想政治工作新要求的有效举措。党建工作可以为教育教学改革与发展提供重要的组织保证与理论支撑，而探索立足自身发展实际的特色化道路，有助于党建工作取得新的突破。"党建＋思政＋艺术"的创新育人模式，将会促进综合艺术院校在立德树人事业中取得新进展。

第五章
挖掘资源推进教材建设

教材建设是国家事权，是高等教育学科建设水平、科学研究绩效和人才培养质量的基础工程，还是中国特色社会主义高等教育发展的重要方面。构建高质量人才培养体系，离不开高质量教材体系。

教材是人才培养的主要"剧本"，是立德树人的关键环节和基础要素。建设"金专""金课"，实现课程思政建设高质量推进，需要优秀的教材作为支撑。何为艺术类优秀专业教材？一是要把牢方向，沿大道而进。以习近平新时代中国特色社会主义思想为主线，彰显中国特色、中国风格、中国气派。适应当今社会对人才的要求，聚焦于培养创新型、应用型、复合型人才。立足底蕴深厚的5 000年中华文明史，立足波澜壮阔的"四史"，提出新观点，创造新理论。二是致力于文化传承创新。综合艺术院校作为培养艺术人才的专门教育机构，是发展社会主义文化的一支重要力量，在推进文化自信自强，铸就社会主义文化新辉煌的事业中，应发挥重要作用。综合艺术院校耕耘于中华民族传统文化的沃土之上，既有传承创新优秀传统文化的便利条件，也有传承创新的责任，要在尊重艺术教育规律的基础上，深入探索中华民族优秀传统文化传承创新的新形式、新方法，推动中华传统文化的创造性转化与创新性发展。三是专注于高质量、高水平。中华书局创始人陆费逵在《中华书局宣言书》中表示："立国根本，在乎教育。教育根本，实在教科书。"教材的优劣，关乎教育大计的成功与失败，决定着人才培养质量的高低。因此，要以建设一流教材为目标，强调内容的高质量，努力为课程思政建设提供强有力的支撑。

第一节　把握总体方向

近年来，党和国家对高校教材工作的重视程度越来越高。2017 年，为做好教材管理有关工作，国务院决定成立国家教材委员会。同年，教育部成立教材局。国家的教材管理从体制机制、组织机构、制度举措等方面有了全面改进和加强。综合艺术院校在加强教材建设的过程中，要坚持正确政治方向、适应时代发展要求、遵循教材建设原则，建立具有思想性、时代性和科学性的教材建设体系，为铸魂育人提供强大动力。

一、坚持正确政治方向

教育部于 2019 年出台的《普通高等学校教材管理办法》指出：高校教材必须体现党和国家意志。坚持马克思主义指导地位，体现马克思主义中国化要求，体现中国和中华民族风格，体现党和国家对教育的基本要求，体现国家和民族基本价值观，体现人类文化知识积累和创新成果。该文件对开展教材工作的管理职责，教材的规划、编写、审核、选用等方面进行了详细的阐述，为高校教材建设提供了根本遵循。

（一）以习近平新时代中国特色社会主义思想为指导

习近平新时代中国特色社会主义思想特别是关于教育的重要论述，为综合艺术院校教材建设提供了指导思想、指明了发展路径。2021 年，国家教材委员会先后制定印发了《习近平新时代中国特色社会主义思想进课程教材指南》和《"党的领导"相关内容进大中小学课程教材指南》，就习近平新时代中国特色社会主义思想以及"党的领导"相关内容融入教材的意义、原则、目标、内容等进行了全面的阐述，提出了明确要求。综合艺术院校的教材建设要深入贯彻党和国家关于教材建设方面的方针政策，自觉地用中国化的马克思主义，特别是用作为马克思主义中国化的最新理论成果——习近平新时代中国特色社会主义思想，指导教材建设全过程。

教材犹如戏剧的"一剧之本"，直接关系到人才培养的方向和质量。在中国大地上办大学，高校首先应该明确的是培养社会主义的建设者和接班人。因此，对于教材的使用，高校不能抛开思政教育单纯地进行知识传授，而是要立足课程实际，适时地在教材中融入思想政治教育元素，充分发挥好每一部教材的育人作用，提高人才培养质量。高校在构建中国特色高质量教材体系的过程中，首先要做到的就是以习近平新时代中国特色社会主义思想为指导。建设教材体系，必须体现国家意志。综合艺术院校推进教材建设，要充分体现中华民族的价值观体系，弘扬中华民族优秀文化传统，巩固马克思主义的指导地位，努力建成既具有中国特色、中国风格和中国气派，也能够达到世界先进水平的教材体系。

要深入推进习近平新时代中国特色社会主义思想进教材。深刻理解习近平新时代中国特色社会主义思想是当代中国马克思主义，并将其作为推动教育教学事业不断向前发展的科学指南。在组织编写教材时要以认真学习领会习近平新时代中国特色社会主义思想为基础，坚决贯彻落实《习近平新时代中国特色社会主义思想进课程教材指南》的各项要求，将"四个自信""人类命运共同体""新发展理念"等一系列具有前瞻性、开创性和科学性的新理念、新思想、新战略，有机融入教材之中，以"思想之盐"化于"知识之水"，让广大学生于无形之中感受到"思想之味"。

（二）以牢固树立文化自信为主题

2021年4月，习近平总书记在清华大学讲话时强调：要增强文化自信，以美为媒，加强国际文化交流；要锤炼品德，自觉树立和践行社会主义核心价值观，自觉用中华优秀传统文化、革命文化、社会主义先进文化培根铸魂、启智润心。在党的二十大报告中，习近平同志提出了"推进文化自信自强，铸就社会主义文化新辉煌"的重大任务。综合艺术院校是培养文艺人才的专门场所，其人才培养、科学研究、文化传承与创新、社会服务、国际交流与合作等工作应围绕文化自信自强这一主线展开。综合艺术院校开展课程思政建设，应主动践行推进文化自信自强这一时代使命，为中国式现代化新征程提供强大动力。综合艺术院校开展高质量教材建设，要以文艺"培根铸魂"为己任，真真切切地把国家教育方针落实到教材工作中去，全方位凸显文化自信和社会主义核心价值观，精选内容，科学编排，既要成为文化传播的高地，也要成为立德树人的支撑条件。

新时代以来，党和国家高度重视文化建设，并做出了很多重要的战略部署，这为持续推进文化自信自强提供了强有力的支撑条件。文化自信建设成为推进民族复兴事业进程中的一个重要发力点。对此，综合艺术院校应该增强责任感、使命感和机遇感，扎根中国大地，扎根中国浩瀚悠久的 5 000 年文明中的优秀传统文化，立足自身实际，打造凝聚中国特色、体现中国气派和中国风格的艺术类专业教材。

（三）以弘扬社会主义核心价值观为主线

价值观对学生个体在成长成才过程中具有重要的指导意义，直接影响到性格习惯和德行修养的形成。对大学生开展社会主义核心价值观教育，既是新时代推动国家经济社会发展的需要，也是大学生个人成长成才的需要。大学生价值观的教育事关国家和民族未来的走向，因而高校要在专业教材中渗透价值观教育，以弘扬社会主义核心价值观为主线，将价值观教育巧妙地寓于知识传授和能力培养之中，使大学生在学习专业知识的同时，培育和践行社会主义核心价值观。

高校在推进教材建设中，融入核心价值观这一育人要素，可以增强大学生理想信念，帮助部分大学生解除在价值取向上存在的困惑，培养热爱祖国、热爱人民、热爱社会主义的高尚情怀，是提升价值观教育效果的有效路径。总而言之，一部优质的教材，既要吸收本领域经典、前沿的专业知识，也要在知识中融入丰富的价值观资源，帮助引导大学生实现"成人"和"成才"两个目标。

二、适应时代发展要求

在踏上全面建设社会主义现代化国家新征程的关键时期，高校开展教材建设要把握时代发展的脉络，把准时代前进方向，与时代同频共振，与民族同心同向，并以此为基础，立足自身发展实际，明确新时代教材建设的发展定位，努力建设与课程思政建设相适应的高质量教材体系。

（一）与信息技术相结合

进入 21 世纪以来，现代信息技术的快速发展对人类社会产生了较大的推动作用，对高等教育而言，更是产生了革命性影响。2018 年，教育部印发的《教育信息化 2.0 行动计划》中提出：实施数字资源服务普及行动，要完善数字教育资源公共服务体系，优化"平台＋教育"服务模式与能力，实施教育大资源共享计划。2020 年，由于新冠肺炎疫情的影响，各高校的教育教学受到了较大冲击。为降低疫情对教学工作的影响，教育部发出了"停课不停学，停课不停教"的号召。全国各高校充分利用现代信息技术，依托线上平台开展线上教学工作。随着线上教学的不断普及，各高校对于数字教材的需求也不断增长。

当前，一些高校在开展课程思政建设时，不仅关注课程设计的优化和教学方式方法的变革，还充分关注了教材的建设。随着新冠肺炎疫情以来线上教学的普及，一些高校已经意识到教材内容的呈现方式必须与现代信息技术相适应，教材建设必须从信息技术中寻求新的发展支点，大力拓展教材的深度与广度。实现教材与信息技术融合发展，既可以有效突破时空限制，减少束缚，为广大师生提供便利，也可以扩大知识的传播范围，缩短知识的传播时间，为线上教学工作能够常态化开展提供重要的保障条件。因此，在信息技术飞速发展的新时代，高校教材建设要取得新突破，就必须深度运用信息技术，以满足教育教学发展需求。

随着人工智能、大数据、云计算、区块链等高新科技技术的深度开发与应用，运用现代信息技术建设数字化教材，已成为高校教材建设的发展趋势。目前，很多高校存在数字化教学资源数量不足、质量不高、覆盖面不广等问题，一些数字化教材只是做了纸质教材的简单转化，而不是整体性的融合提升，教材建设与现代信息技术的融合还有待加深。对于高校而言，首先要清醒地认识到运用信息技术建设数字化教材对于推进教育教学改革的重要性，加大数字化教材建设经费的投入，夯实建设基础；其次，要建设内容丰富的资源库，构建纸质教材和数字化教材共同发展、纸质内容与数字资源融合一体的教材资源库；最后，要大力提升师生利用新方法、新技术、新手段的能力，使他们能够熟练使用智能化、可交互的数字化教材，进而提升教学效果和效率。

（二）与先进教学理念相契合

作为高校的教材，应具有一定的先进性。在新时代背景下，教材不仅要服务于专业知识的教学，还应关注学生理想信念、道德品质、习惯修养、思辨思维、实践能力等方面的教育。

一是教材中要体现最新的教学理念，如课程思政、新文科、新工科等教育教学理念，以适应信息技术的快速发展和学生学习方式的变化，让教材真正成为促进学生学习知识的载体，成为学生成才成人的有力支撑。在专业教材中加入思政元素，要采用合理融入的方式，而非生硬地加入，且课程思政的潜隐性原则也应体现在教材建设上。同时，还要坚持适度性，即教材中的思政元素所占比例要保持在科学合理的范围内，既要保证"育人"目标实现，也要保证"育才"目标实现。专业课教材不是思想政治理论课教材，课程思政是在专业课程中开展隐性的思想政治教育，主要是发挥协同育人功能，不能把二者的关系混淆。

二是要吸纳本学科专业的前沿知识，向学生展示未来的发展方向。知识浩瀚如海洋，高校教材选取的知识是千百年来全人类创造发现、总结积累的精华，是颇具代表性、基础性和前沿性的部分。这些知识被编著者按照一定的结构体系和逻辑顺序组合起来，形成具有一定稳定性的教材。然而，教材的稳定性并不排斥知识的更新。在这个知识爆炸式增长的时代，科技迅猛发展，知识呈现指数级增长，速度超乎想象。面对体量越来越大的知识库，人类所能做的，就是不断更新知识，否则就会落后于时代发展。作为具有培养时代新人、科学研究和服务社会等职能的高校来说，必须及时掌握知识发展的趋势，不断更新教学内容，适时修订或更换教材，在稳定和更新之间寻找一个合适的结合点。为了向学生提供丰富的学习内容，高校可以在传统纸质教材中嵌入数字资源。数字教学资源具有丰富多彩、快捷便利的特点，可以为学生提供良好的学习体验，提高学习的效果和效率。教材的形式也应与时代发展相契合，如前面提到的与现代信息技术充分融合的数字化教材。总之，高校要不断完善教材的修订改进机制，使教材既做到相对稳定，又做到与时俱进。

（三）与教育教学规律相符合

《普通高等学校教材管理办法》指出，教材编写要"遵循教育教学规律和人才培养规律，能够满足教学需要"。当前，我国高等教育已进入高质量发展阶段，一流专业和一流本科课程建设将是高校发展的重要任务。在现代信息技术和高等教育深度融合的背景下，高校要充分认识到教材在课程思政建设中的支撑作用，以教材建设为突破口，遵循教育教学规律，促进课程思政、一流专业和一流课程建设。综合艺术院校要围绕立德树人根本任务，培养国家和社会需要的艺术人才，因此在开展教材建设时，要立足时代，站在学科专业发展前沿，培养具有良好品行、丰富知识和较强实践能力的时代新人。

要坚持以学生为中心，尊重学生的认知和学习规律，了解学生的心理特性、思想动态和知识储备，充分考虑学生的学习需求，通过科学的编排，向学生提供本学科经典的、实用的知识。在全国高校大力推进课程思政建设的背景下，要建设符合高等艺术教育教育教学规律和人才培养规律的教材体系，使得教材能够及时、完整地呈现教学内容和教学资源，与课程及专业建设形成相互促进、融合发展的态势，增加学生课下自主学习的深度，激发学生学习的成就感。

要适应经济社会文化发展，与时俱进，立足实际不断推进改革创新，既要启智，也要润心，将思想政治工作贯穿于教材工作中，围绕中华民族伟大复兴对于艺术人才的要求，提升教材的科学性、系统性、民族性、时代性。要将中华优秀传统文化、革命文化、社会主义先进文化作为教材的重要内容，打造适应时代发展需求的优质精品教材，用一流教材助力一流专业和一流课程建设，为培养担当民族复兴大任的艺术人才提供强大支撑。

在开展教材建设时，综合艺术院校必须立足实际，一是要明确是在中国大地办教育的实际，二是要明确是开展高等艺术教育的实际。综合艺术院校要发挥自身的特色优势，在教材中找准思政教育的融入点，对学生开展道德情操、人格培养、理想信念等方面的教育，既推动文化繁荣兴盛，也提升人才培养质量。另外，综合艺术院校之间要加强交流，努力实现优质教材资源的共享。

三、贯彻课程思政理念

当前，我国正在抓紧建设高质量教育体系。面对教育教学理念的不断更新和教学方式方法的不断变革，高校要深刻认识到推进教材建设的重要意义，建设推出适应时代、能够实现培根铸魂要求的优质教材。

（一）注重价值塑造

落实立德树人根本任务是高校的历史使命，综合艺术院校开展教材建设要深入贯彻课程思政理念，不仅要注重知识传授和能力培养，还要注重价值塑造，将思想政治教育教育元素融入教材之中。教材体系是高校教育教学体系中一个重要的组成部分，教材是师生开展教学活动的主要依据，是课堂教学之本。作为教学活动的主要剧本，教材建设要走在先，干在前，率先推进改革，为课程建设、专业建设、学科建设奠定基础，努力成为推进教育现代化、建设高质量教育体系的支撑力量。

教材建设要始终坚持社会主义方向，站稳中国立场，在编写过程中，不可偏离主流价值观，不可忽略潜藏于知识体系中的思想观念，以免在学生的价值观塑造中出现偏误。对于教育领域中出现的"毒教材"事件，必须引以为鉴，时刻警醒。归根结底，高校在开展教材建设时，要回答好"培养什么人、怎样培养人、为谁培养人，"这个教育者不可回避的问题，将专业知识和价值理念合二为一，统一于教材内容体系中，使教材兼有思想性和科学性两个特点，成为开展教学活动的经典"剧本"。教材应坚持以马克思主义为指导，运用辩证唯物主义分析和解决问题，引导学生树立正确世界观和方法论，要向学生传递正确的价值观，适时、适当地加入爱国、爱党、爱人民的内容，并引导学生用以指导实践。

（二）注重潜移默化

思想政治教育是一个系统性工程，不是靠思想政治教育就能完成。同理，思想政治教育的内容不能仅仅出现在思想政治教育的教材里，还应该蕴含在其他的教材之中。因此，综合艺术院校在开展教材建设时，要做到专业教材与思政教材同向同行，形成合力。其实，无论是思政教材，还是其他教材，其目标指向都是一致的，那就是落实"立德树人"根本任务，只不过二者的表现形式不同。思政教材的思政教育内容是显性的，通过对思想政治教育的知识内容进行整理编排，系统而全面地向阐述知识。其他教材的思政教育元素是隐性的，通过深度挖掘课程里潜藏着的思政元素，并将其合理地融入专业知识里，以潜移默化的方式感化学生的内心，塑造学生的精神世界。思政教材要为专业教材提供理论依据，专业教材在总结编写的过程中可以给思政教材提供贴近学生所学专业的教学案例，提升学生对思政知识的亲切感和认可度，进而提高思政教材的使用效果。二者显隐结合、相互补充、彼此促进，让学生在阳光的照耀和柔风细雨的滋润中成长成才，使每一部教材都能够守好一段渠，种好责任田。

教材中的知识是编写者在一定教育教学理念指引下，对学科专业领域中的知识进行筛选与组合，运用语言对这些知识进行表述，以纸质或是数字的形式呈现给学习者的。教材编写者的思想境界和专业素养决定着教材的质量，对于学生的思维方式培养和价值观塑造有较大影响。因此，编写者要努力在教材中体现中国特色、中国风格和中国气派，践行构建中国式现代化话语体系的使命，在教材编写过程中要体现我国的主流价值观，把教材的专业知识和核心价值观念这两条主线，交叉融合于教材之中。此外，还可以通过加入插图、标志性事件、人物故事等内容，或是加入二维码拓展相关知识，让学生得到与专业知识紧密联系的思政知识。课程思政强调的是有机融入，而不是简单地将思想政治知识强加在专业教材中，生硬地向学生表达该做什么，不该做什么。不加谋划的"喊口号""贴标语"，只会让学生过而忘之，甚至视而不见。可行的办法是，将思政教育知识，以及立德树人理念有机融入教材工作的全过程，从规划设计到内容编写，再到审核、评价、修订，都要一以贯之。

（三）注重艺术观培养

《普通高等学校教材管理办法》明确提出"把教材建设作为高校学科专业建设、教学质量、人才培养的重要内容"。《高等学校课程思政建设指导纲要》指出，各高校要结合自身的学科专业特点分类推进课程思政建设，同时对各类课程也提出了具体的要求。综合艺术院校开展教材建设，应参考这些要求，突出艺术特色，使教材成为提升人才培养能力，提高立德树人效果的重要支撑，成为传播中华美育精神和中华优秀传统文化的重要载体。

综合艺术院校应引导学生树立正确的艺术观。艺术类专业以培养艺术类专门人才为主要目标，综合艺术院校担负着为社会主义文化繁荣兴盛提供人才支撑的历史重任。因此，要教育引导学生树立正确的艺术观，将其培养成为德艺双馨的高素质艺术人才。而作为"一剧之本"的教材，必然要将正确的艺术观融入其中。人民的需要是文艺存在的根本价值所在。我国是社会主义国家，必须始终坚持聚焦人民、扎根人民，树立以人民为中心的艺术观，教育引导学生选好艺术创作的方向，坚持为人民服务、为人民而创作的理念，努力成为被广大群众所接受的艺术工作者。在艺术专业的教材中，可以通过引入人民艺术家的先进事迹，或是来源于人民群众的优秀作品，向学生传递这样的道理：要创作出优秀的艺术作品，除具有较高的专业知识和技能、强烈的创作热情之外，还需要从人民之中吸收养分，深入生活、扎根人民，为人民抒写、为人民抒情、为人民抒怀。深察民间疾苦的杜甫，以现实主义手法，反映了人民的心声与愿望，赢得了世人的爱戴；深谙市井生活之道的老舍，创作了反映市民群众生活的经典小说，赢得了"人民艺术家"的荣誉称号。

落实立德树人根本任务，对学生思想道德、价值取向的培养应贯穿教育教学始终，必须在人才培养的重要一环——教材建设上下功夫。教材不仅要使学生习得丰富的知识，还要关注能力培养，提升学生的创新精神，更要凸显价值塑造，以课程思政建设理念为指导，帮助学生塑造积极向上的精神世界。艺术类专业的教材应该蕴含社会主义核心价值观，蕴含中华美育精神，蕴含对中华文化的自信，促进学生思想道德水平、审美旨趣的提升。学生通过学习教材的内容，不仅要掌握知识、技能和方法，还要促进自身情感、认知和价值观等方面的培养，最终实现全面发展，以适应社会发展对人才的需要。

第二节　挖掘文化资源

《普通高等学校教材管理办法》指出，高校教材要"全面贯彻党的教育方针，落实立德树人根本任务，扎根中国大地，站稳中国立场，充分体现社会主义核心价值观，加强爱国主义、集体主义、社会主义教育，引导学生坚定道路自信、理论自信、制度自信、文化自信，成为担当中华民族复兴大任的时代新人"。文化是一个国家、一个民族的灵魂，从这个角度来看，文化自信在四个自信中居于基础地位，是更根本的自信。艺术类专业教材是体现文化自信，弘扬传播中华优秀传统文化、革命文化和社会主义先进文化的一个重要途径。作为育人工具的教材具有鲜明的政治导向性和价值导向性，教材所选取的知识应该体现国家意志、社会主流价值观和民族文化的精髓。中国作为世界上唯一一个文明进程没有间断的国家，有着深厚的文化积淀。综合艺术院校在开展教材建设时，要牢固树立文化自信，深入挖掘国家和民族丰富的文化艺术资源。

　　尤其是随着现代信息技术的不断发展和互联网不断普及，意识形态斗争日渐复杂化、激烈化。西方意识形态的渗透更加猛烈，各种错误思潮经过精心包装，试图侵蚀国人的精神。作为"互联网原住民"的青年学生，具有思维活跃、好奇心强的特点，往往更容易受到这些错误思想的影响。高校是教育培养青年人的主阵地，要把培养学生对国家和民族的认同感作为重要的工作内容。教材是人才培养的知识载体，要主动肩负起意识形态教育的重任。作为综合艺术院校，在教材建设中，要坚定文化自信，弘扬中华文化，凸显中国特色。

一、中华优秀传统文化

　　党的十八大以来，党和国家高度重视中华优秀传统文化的传承创新工作。2017年1月，中共中央办公厅、国务院下发的《关于实施中华优秀传统文化传承发展工程的意见》中提出，中华优秀传统文化"积淀着中华民族最深沉的精神追求，代表着中华民族独特的精神标识，是中华民族生生不息、发展壮大的丰厚滋养，是中国特色社会主义根植的文化沃土，是当代中国发展的突出优势，对延续和发展中华文明、促进人类文明进步，发挥着重要作用"。从中可以看出，中华优秀传统文化对中华民族、人类文明均具有重要的意义。

（一）融入中华优秀传统文化，以增强文化自信

　　2022年4月，习近平总书记在中国人民大学考察时指出："加快构建中国特色哲学社会科学，归根结底是建构中国自主的知识体系。要以中国为观照、以时代为观照，立足中国实际，解决中国问题，不断推动中华优秀传统文化创造性转化、创新性发展，不断推进知识创新、理论创新、方法创新，使中国特色哲学社会科学真正屹立于世界学术之林。"高校的职能中包括了文化传承与创新，而综合艺术院校在中华优秀传统文化传承事业中，更是具有独特的价值和作用。综合艺术院校要坚定文化自信，积极推进中华优秀传统文化进教材，彰显中国人民在几千年历史长河中积累的独特文化，让中华

优秀传统文化在培根铸魂、启智润心中发挥更大的作用。文化是一个民族的底色，中华民族风雨兼程的几千年文明，孕育了丰富的优秀文化。中华优秀传统文化是中华文化中颇具生命力和代表性且处于核心的部分，有着独特的魅力以及深远的意义和影响。

中国、古巴比伦、古埃及、古印度虽同为世界四大文明古国，但除中国以外的其他三大文明古国因外族的冲击入侵先后消亡。中华文明始终保持保持着旺盛的生命力，在起伏曲折中不断向上向前，展现出了勃勃生机。作为唯一没有中断的文明，中华文明蕴含着强大的力量，推动着中华民族在历史的长河中不断向前迈进，不断取得新的成就。综合艺术院校担负着为国家和社会培养优秀艺术人才的职责，应以德艺双馨作为人才培养的标准，不仅要通过系统的教育教学，使学生具备扎实的理论基础和较高水平的专业技能，还应注重培养学生的人文素养。中华优秀传统文化是培养高校学生，特别是艺术院校学生人文素养的资源宝库，将其融入教材之中能够让学生体验 5 000 年中华文明的恢宏气势，感悟中华民族独特的审美视角，使学生在优秀文化的滋养中，增强民族自豪感和文化自信心。

（二）融入中华优秀传统文化，以增进文化认同

对于一个民族来说，最深层次的认同是文化认同，它是照亮一个民族的精神火种，也团结一个民族的精神纽带。在中华民族不断发展的历史进程中，中华优秀传统文化对于国家统一、民族团结、社会进步都发挥了重要的促进作用。中华优秀传统文化，源远流长，是人们树立文化自信的强大精神支撑，是中华民族与世界对话的强大底气。建设具有中国风格的教材体系，必然要把中华优秀传统文化融入教材之中，作为艺术院校育人的重要元素，以增强学生对中华文化、中华民族和国家的认同感。

综合艺术院校作为艺术人才的培养场所，作为文化传承与创新的科研机构，不仅要主动担当起中华优秀传统文化知识的传授工作，还要主动担当起中华优秀传统文化的研究工作，更要担当起中华优秀传统文化展演传播的重任。从这三个角度来看，综合艺术院校的教材建设都必须把中华优秀传统文

化作为教材的重要内容，要高度重视中华优秀传统文化的挖掘和整理、传承和创新工作。中华传统文化中既有积极向上的精华，也有消极落后的糟粕。对此，人们要弃其糟粕，取其精华。近代以来，中华民族经受了巨大的屈辱，遭受了巨大的磨难。在极其危险的环境中，中华民族能够久久站立，与强大的文化支撑是分不开的。中华优秀文化中蕴含着为国献身、杀身成仁、舍生取义的民族精神，自强不息、百折不挠、坚韧不屈的民族气节，海纳百川、和而不同、尚中贵和的民族个性。当然，中华传统文化内容繁多，但人们也要进行科学的取舍，这是中华优秀传统文化实现创造性转化与创新性发展的前提。科学整理、深入挖掘中华优秀传统文化是高校，特别是综合艺术院校的分内之事、应尽之责，而把中华优秀传统文化收集整理并编入教材中是较好的途径之一。

（三）用好中华优秀传统文化的"活教材"，以激发教学活力

综合艺术院校要积极开展中华优秀传统文化传承创新活动，促进课堂教学与实习实践有机结合，创造文化育人的"活教材"。例如，通过开展非遗进校园、中华经典诵写讲、中华优秀文化主题创意活动、传统文化专题讲座等多种多样的传承活动，向大学生展现中华优秀传统文化的魅力，传递相关的文化知识。综合艺术院校可以在校园内建立传统艺术传习所，或是各类小型的传统艺术博物馆，让学生能够经常受到优秀传统文化的滋养。

非遗传承人也是一种不可多得的"活教材"，综合艺术院校可以有计划地邀请民族民间艺术大师走进校园，向学生讲授优秀传统文化知识，加深学生的感悟。不仅要请进来，还要组织学生走出去。例如，利用教学实践周、三下乡、美育浸润计划等活动，组织广大学生到传统文化生发、传播的广阔田野，开展相关传统文化的调查、采风、创作；也可以组织学生到当地的博物馆、文化馆、非遗传习所等参观调研，增强学生对中华优秀传统文化知识的学习兴趣，提升学生的传承创新能力。

中华优秀传统文化在内容上浩如烟海，在思想内涵上博大精深，其蕴含了中华民族在思想道德和人格修养方面的价值追求，在国家治理和社会发展

方面的独特见解。大学生是社会群体中颇有活力、颇具发展潜力的力量，是社会主义建设者和接班人的主要组成部分。因此，综合艺术院校在开展教育教学活动时，要把中华优秀传统文化作为重要的内容，增进他们对中华优秀传统文化的理解和认同，进而增强文化自觉和文化自信。

中华民族在几千年的发展过程中，经历过辉煌，也经历过磨难。在民族危亡的关键时刻，以爱国主义为特征的自强不息、百折不挠、爱国忧民的民族精神，引导中华民族一次次站起来。历史一次次印证，中华优秀传统文化中蕴含的精神和思想是中华民族在发展壮大的过程中，必不可少的精神食粮。因此，综合艺术院校在开展教材建设时，必须要把中华优秀传统文化的精髓融入其中，用中华民族 5 000 年的文化积累浸润学生的心灵，为学生的成长成才提供正确指引。

二、革命文化

"从 20 世纪 20 年代开始，中国共产党以开天辟地的勇气和革故鼎新的执着，领导广大人民群众在革命、建设和改革的奋斗历程中，对政治理想、政治观念、政治伦理、政治策略、政治制度、政治道路等进行一系列文化价值建构，形成了特定的革命文化。"[1] 革命文化是中国历史文化中的重要部分之一，是中国共产党带领中国人民在寻求民族独立、人民解放、国家富强的不懈奋斗中，是马克思主义在中国化、时代化的创新实践中形成的文化和精神力量。革命文化既有对中华优秀传统文化的继承的成分，又有在特定历史条件产生的新鲜文化血液和精神品格，它已成为中华民族独特的精神标识之一，是高校开展课程思政建设的重要知识来源之一。

大学时期是大学生精神世界形成的关键时期，大学生价值观和人生观的改造程度将直接影响到大学生今后的发展。作为以"立德树人"为使命的高校，必须将革命文化的传承融入教育教学实践中，让学生了解、体悟、弘扬革命文化，让学生了解中国共产党成为执政党的历程何其艰辛，了解中国人

---

① 胡献忠.贯通百年党史的演进与传承：中国精神之革命文化 [N].中国青年报，2021－02－22（6）.

民站起来、富起来、强起来是何其不易，进而理解革命文化在中华民族实现伟大复兴的历史进程中何其重要。对于高校来说，把革命文化融入教材之中便是一个很好的途径。

（一）革命文化成为综合艺术院校的艺术创作主题

思想政治教育既是一项系统的工作，也是一项需要长期用力方见效果的工作。要让学生掌握革命文化的深刻内涵与丰富意蕴，需要一系列长时间的教育活动。当前，综合艺术院校普遍都重视弘扬革命文化，积极创作以革命文化为主题的艺术作品。以云南艺术学院为例，该校近年来创作了一系列主旋律作品，如国家艺术基金 2020 年度大型舞台剧资助项目儿童音乐剧——《小萝卜头》。该剧以大家熟知的革命烈士"小萝卜头"——宋振中为创作原型，以儿童剧的方式向观众讲述了一群拥有崇高革命理想和坚贞不屈高贵品格的革命先辈，如何在险境中坚持斗争的故事。师生在创作、排练、演出的过程中，精神受到了洗礼，上了一堂生动的思政课。该剧在全国各地巡演的过程中受到了广大观众的好评。由于该剧是一部儿童剧，观众多为少年儿童。因此，孩子们在观看演出时，既受到了高雅艺术的浸润，也在幼小的心灵中播撒下了爱国爱党、积极学习革命先烈的种子。

又如，云南艺术学院戏剧学院青年教师龚栋强，将自己的艺术创作与主旋律相结合，以《中华人民共和国国歌》为创作题材，将歌名、词作者、曲作者、歌词等篆刻在印章上。用篆刻这一中华优秀传统文化来弘扬爱国主义精神，展现了在中国共产党领导下我国所取得的辉煌成就，营造了全校师生爱国爱党爱社会主义、牢记初心使命跟党走的良好风气。学校举行了专门的展览活动，组织全校上千名师生党员参观学习。同时，学校还在展览现场组织开展了以"不忘初心，唱响国歌"为主题的党员活动，由马克思主义学院教师讲授以国歌为背景的党课——《国歌的由来》。该次展览充分发挥了综合艺术院校的专业优势和特色，由专业教师和思政教师同上一堂课，将专业教育和思政教育有机结合，让广大师生在艺术鉴赏中接受思政教育，传承红色基因，达到了"润物细无声"的效果。

（二）综合艺术院校对革命文化的育人作用更加重视

经过革命先辈的浴血奋战，中国人民不仅站了起来、富了起来，还迎来了得之不易的和平安定。特别是改革开放以来，我国经济社会发展进入了快车道，创造了伟大的发展奇迹。随着经济发展水平的提升，人民的生活水平也不断得到改善。当代大学生在这样和谐、稳定、富足的生活中，已渐渐遗忘革命年代的那些英雄，以及那些英雄们的事迹。让大学生记住那段历史，从那段伟大的历史中汲取精神营养是高校和高校教师义不容辞的职责。对于大学生来说，由于大部分的革命人物或革命事迹都是在20世纪发生的，所以他们对于革命人物或者是革命故事并没有深刻的体会。再加上部分教师进行思想政治教育的时候，还停留在传统的灌输式的教育方式上，没有能够很好地利用符合学生实际的科学方式，从而降低了对革命文化与思想政治教育的融合程度。革命文化中所蕴含的爱国主义、艰苦奋斗等精神，具有强大的感召力与感染力。生动的历史能够打动年轻学生的心灵，让他们对今天幸福生活的来之不易有更深刻的认识，认识到中国特色社会主义制度的优越性，理解中华民族伟大复兴，珍惜时间，抓住机会，为国家的发展而努力。综合艺术院校要提高学生的学习能力，提高学生的综合素质，建设一批具有中国特色的优质教材，有必要把革命文化融入教材之中，弘扬正确的价值观，烙上中国的底色，注重积极的价值导向。

中国共产党在中国大地上领导中国人民浴血奋战、艰苦奋斗所形成的革命文化，对讲好中国故事，传播中国声音，推进马克思主义深入人心，都有着十分重大的理论意义和现实意义。综合艺术院校要善于挖掘其中的优质资源，运用具有中国风格的话语体系撰写教材，用中国的历史教育人，用中国的话语讲知识，提升学生的思想素养。

三、社会主义先进文化

社会主义先进文化是在马克思主义的指引下，面向现代化、面向世界、面向未来的，民族的、科学的、群众的，具有中国特色的文化。自党的十八大开始，党和国家就高度重视和发展中国特色社会主义文化，将其列入了

"五位一体"的总体规划，同时将其视为促进社会主义现代化、实现民族复兴的一项重大措施。党的二十大则明确提出要"发展社会主义先进文化……满足人民日益增长的精神文化需求，巩固全党全国各族人民团结奋斗的共同思想基础，不断提升国家文化软实力和中华文化影响力"。

（一）社会主义先进文化是中华民族复兴道路上的精神支撑

在古今中外的人类发展过程中，文化发挥着无可取代的重要作用。不管国家机构、政治制度、社会形态如何演变，文化始终以它特有的魅力，对人们的物质生活和精神生活产生着巨大的影响。中国的社会主义先进文化，源于中华 5 000 年悠久的文明史，又是在近代中国共产党的领导下，经过革命、改革、建设和发展创造出来的，体现了中国特色社会主义的基本内涵。社会主义先进文化是马克思主义中国化的理论成果，它既是人民的智慧结晶，也是社会进步的强大动力。只有大力弘扬并发展社会主义先进文化，把先进文化中的重要思想、科学理论、伦理道德等内容，融入教育教学、艺术创作、科学研究等各个领域，才能让广大师生在理想信念、价值理念、道德观念上始终保持一致，精诚团结，为实现中华民族伟大复兴而共同奋斗。

在新的历史条件下，加强高校学生的社会主义先进文化教育，有利于增强高校学生的文化自信，夯实高校学生的意识形态根基。在全球化趋势下，面对多元文化的冲击，以及在互联网新媒体中所出现的各种不良的信息的引导，部分大学生的认识出现了偏差，而社会主义先进文化教育的意义就在于对大学生进行正确的引导。作为综合艺术院校，要与时俱进，根据新时期大学生的成长环境、发展规律和认识水平，探索开展社会主义先进文化教育的方法，更好地回应时代的呼唤；要从现有情况出发，以课程育人为出发点，在各个育人环节中融入社会主义先进文化。

（二）社会主义先进文化为艺术类专业教材提供正确的导向

社会主义先进文化蕴含着丰富的先进理念，有利于引导青年学生形成正确的"三观"，从而为青年学生的成长注入强劲的力量。综合艺术院校是培养艺术人才、开展艺术创作和研究的重要场所，在教材建设中，要把社会主义先进文化作为一条主线。

社会主义先进文化是艺术类专业教材坚持正确文化观的保证。文化观是人们对于文化持有的观点、看法和基本的态度。在今天这个世界上，各种各样的社会和文化思想不断涌现，不同国家之间的文化互相交融，主流和非主流、先进和落后的文化在这个世界上发生了碰撞。在这种情况下，一个人若没有足够的抉择和判断力，又被西方腐朽、落后、不良的文明所感染，就会丧失对事物的判断力，从而出现对中国的优良的传统与先进的文明提出怀疑与否认的问题。以社会主义核心价值观为导向，指导大学生学习新时期的理论成就和新时期的新思想，帮助他们更好地了解民族精神和时代的理念，是每一部艺术类教材必须坚持的原则。要以社会主义的先进文化为指导，提倡社会主义的核心价值观，使学生在激烈的社会潮流中，能够认识到不同的社会文化，用一种科学的、宽容的态度去看待中国的优良的传统与外国的文化，使学生逐渐形成一种正确的文化观念。

习近平总书记在全国高校思想政治工作会议中指出："要用好课堂教学这个主渠道，思想政治理论课要坚持在改进中加强，提升思想政治教育亲和力和针对性……其他各门课都要守好一段渠、种好责任田，使各类课程与思想政治理论课同向同行，形成协同效应。"综合艺术院校要想真正提高社会主义先进文化教育的实效，就一定要抓住"教材"这个重要的载体，既要充分发挥思政课教材的主体地位，又要注重其他课程教材的协同作用。很明显，在社会主义先进文化教育中，课堂教学是第一课堂。然而，在课程思政的指导下，将思想政治教育与学科课程相结合，对适应学生身体和心理发展的教育资源进行深入的挖掘，将其有机融入教材之中，从而可以将课程的教育力度进一步提高，将专业课程的育人水平进一步拔高。只有在专业教材与思想政治理论教材齐头并进的情况下，才能更好地促进社会主义先进文化的发展，才能更好地满足学生的需要，最终达到立德树人的办学目的。所以，要加强对课程思政的认识和应用，将课程思政理念应用到教材建设中，使社会主义先进文化与各专业的专业知识相融合，从而提高育人效果。

（三）社会主义先进文化为高校育人事业提供丰富供给

大学生是国家未来建设人才中不可或缺、不可替代的重要力量。作为未来国家发展建设人才重要组成部分之一，大学生不仅应具备一定基础知识、基本技能，还应对所处的文化环境有深入的了解。艺术类专业的大学生，是未来文化事业的参与者和创造者，更应加强对主流文化的学习和应用。因此，在综合艺术院校开展思想政治教育就是为了使大学生成为一批具有自觉能动性，能够积极学习与努力创造社会财富价值，推动社会进步，有理想信念、有道德情操、有文化修养，且适应社会发展要求并符合个人发展需要的人。综合艺术院校是社会主义先进文化的传播者，在教育教学过程中，要强化对社会主义先进文化的教育，通过各类艺术形式来影响和感染广大学生，体现出中国精神、时代气息、民族特色、文化自信，激励学生勇敢向前，养成优良的精神素质。

社会主义先进文化具有丰富的内涵，可以为育人事业提供强大的支撑。社会主义先进文化强调社会主义核心价值；注重人的全面发展，强调德智体美等方面的综合培养；鼓励创新，提倡敢于创新、勇于实践的精神；注重对中华优秀传统文化的继承和发扬。全国高校，特别是综合艺术院校在开展教材建设时，应主动从社会主义先进文化中汲取丰富营养。

进入高等教育教学改革的新时期，在教材中融入社会主义先进文化，既要注重对大学生进行思想政治教育，又要注重对中国精神的继承与发展，以提高大学生的整体素养，把他们培育成合格的社会主义建设者和接班人。在进行社会主义先进文化教育的时候，不仅要洞悉社会主义先进文化的理论来源和主要内容，还要对社会主义先进文化教育的基本原理有更深入的了解，从而更好地促进社会主义先进文化的传播。

第三节　规范编审应用

在 2016 年 5 月召开的哲学社会科学工作座谈会话中，习近平总书记指出："学科体系同教材体系密不可分。学科体系建设上不去，教材体系就上不去；反过来，教材体系上不去，学科体系就没有后劲。"加速构建具有中国特色的高质量教材体系，必须致力于构建具有中国特色的独立的知识系统。教材的活力与影响来自其自身的知识创造，而维持教材活力的根本途径就是不断地构建与充实中国自主的知识系统。教材建设是一个系统工程。在开展教材建设的过程中，需要建立科学规范的管理机制，对教材的编写、审核、选用、评价、反馈等工作进行全面的管理，明确教材管理的主体和相应的责任。教育部于 2019 年颁布了《普通高等学校教材管理办法》，对高校推进教材建设的各个方面进行了规范。在新的历史时期，要不断提升教材质量、全面规范教材管理，推动教材体系建设取得新的突破，构建一套系统完备的现代化教材治理体系。

一、坚持党对教材工作的全面领导

教材是人才培养的主要工具。教材质量的优劣，直接影响着教学效果的好坏，关系到能否为社会培育出德智体美劳全方位发展的社会主义建设者和接班人。教材的内容反映了党和政府在教育方面的根本方针，反映了一个国家、一个民族的根本价值观念。鉴于教材的意识形态属性，在教材体系的构建过程中，必须坚持党的全面领导。

（一）坚持党对教材工作的领导是落实立德树人根本任务的重要保证

作为教育教学活动中的一个重要因素，教材关系到教育教学的方向质量，关系到国家和民族的未来，关系到教育事业的发展。坚持党对教材工作的领导是教材建设始终沿着正确方向前进的根本保证。为了推动中国特色社会主义教材体系的建设与发展，国家教材委员会于 2017 年 7 月成立，指导和统筹全国教材工作，将党和国家关于教材工作的重大方针政策落实到位，对教材建设规划和年度工作计划进行研究，并对教材建设中出现的重大问题进行分析，指导、组织、协调各地区各部门与教材工作，对国家课程设置和课程标准制定进行审查，对意识形态属性较强的国家规划教材进行审查。

高校是编撰、选择、使用教材的主体，高校党委应全面负责教材建设工作。新时代的教材体系建设，要将落实立德树人这一根本任务作为工作的基本目标，不断提高教科书的思想性、科学性和时代性，精心编撰出一系列能够"培根铸魂""启智增慧""与时代相适应"的优秀教科书。在编写、审查和选择教材的过程中，高校党委不仅要从政治立场、政治方向、政治原则、政治道路等多个角度对教材进行严格的审核，还要从高校的教学过程、科研研究、学科建设和人才培养等各个角度，对教材建设进行整体的策划和推进。教材建设必须承担起完成立德树人根本任务的历史使命和责任，联系时代和知识更迭换新的样态，把抽象复杂的学科内容转化为适应大学生认知规律的知识体系，实现以文化人、以文育人和以德塑魂，进而不断提高大学生的思想政治水平、政治敏感度和文化知识素养，这也使得大学生不断收获和积累知识，增长才智，成为无愧于担当中华民族复兴大任的时代新人。

对于教材建设来说，要做到坚定不移地维护党的领导，就是要在意识形态、政治制度、发展道路、价值观念上与党中央保持高度一致；就是要自觉将习近平新时代中国特色社会主义思想贯穿于各类教材中，为学生树立正确理想信念、价值追求、道德规范提供坚实的理论基础。因此，高校党委要不断巩固马克思主义在学校意识形态领域的指导地位，不断加强对教材建设的政治方向的引导，不断提升教材建设队伍的思想建设和理论水平，不断加强教材编、选、用，以及成效评价等机制体制的建设和完善。

（二）高校党委要把好教材内容的政治关和质量关

课程思政的宗旨就是要将党的教育方针贯彻到底，要坚持马克思主义指导地位，要将立德树人的根本任务落到实处。在编写各种类型的教材时，必须突出其政治性，传达出具有普遍性和权威性的知识和价值观。在思想政治教育中，教材是一个主要的阵地。要始终把马克思主义作为教材建设工作的指南，把教材建设作为思想政治教育工作一个重要环节来抓。教材的建设一定要为中华民族复兴这个大局提供支撑力量，并要突出其政治内涵、思想内涵和学术内涵，要主动对国家的人才发展需要做出回应，让其始终与党和国家的事业发展保持一致。

当今这个时代背景下，党和国家高度关注教材的建设工作，习近平总书记也在多个场合多次强调了教材建设的重要性和必要性，由此国家也制定并颁发了多项文件，以此指导教材的建设工作。正是有了这些政策性支撑，高校的教材建设才看到了指路灯，走上了一条正确的光明的道路。目前，关于教材建设的相关议题得到讨论和解决是我国社会主义现代化建设进程中的一个重要环节，其本质上体现着党和国家对意识形态领域中安全问题所持的一种基本立场。在教育教学过程中，一方面要把好政治关，始终保持对教材内容的高度关注，始终保持教材内容与党和国家的教育方针政策、与广大人民的期许高度统一；另一方面，要把好教材的质量关，从而让教材建设与国家发展战略、与高质量发展要求相适应。

（三）高校党委要充分发挥总体协调作用

高校党委要起到全面统筹、总体协调的作用。高校党委要与以习近平同志为核心的党中央保持高度一致，将习近平总书记提出的关于教材建设工作的重大要求转化为实际可操作性方案。习近平总书记从国家长远利益的角度，从中华民族伟大复兴的高度，对教材工作做出了一系列的重大指示，并对其寄予厚望，为构建具有中国特色的优质教材体系确定了基本原则和发展方向。各高校要站在事关国家长治久安、事关民族复兴的高度开展教材建设工作，将习近平总书记的一系列新思想、新观念、新论述贯彻到教材建设的方方面面。坚持党对高等学校教材建设的领导作用，以党和国家的事业为中心，对其进行统筹安排，保证教材建设以中国特色社会主义思想为理论基础，服务国家的战略需要，落实党中央的教育政策。高校党委要注重对教材工作进行整体规划，加强教材体系建设的整体性、计划性、协调性和实效性，从而建立起一个完整、完整的工作机制。同时，要探索构建统一的管理体制，遵循"凡编必审""凡选必审""凡用必审"的理念，推动教科书的选择、编写、审核、使用有机统一，构建一套有益于立德树人事业，有益于提升教育教学水平的管理制度。通过加强对教材工作的全方位管理，提高教材的品质，将"毒教材""劣教材"隔离在课堂之外。

在全面实施课程思政建设的背景下，教材建设要紧扣立德树人的根本任务，把学生的价值塑造放在首要位置。既要充分发挥思政课教材的先导作用，也要全面激活各种课程教材的支撑作用，使广大学生能够从不同的视角，对中国共产党的科学理论、中华民族伟大复兴事业有更深刻的理解，进一步坚定"四个自信"。教材体系构建的过程，也是落实国家教育方针政策的过程。在课程思政理念下的教材建设要将党的教育方针落实到位，以专业和课程的育人标准为依据，与社会发展对人才的需求度相匹配。同时，要不断推进教材管理体制的现代化，并在基础上努力提升管理能力。综合艺术院校开设的专业较多，在教材体系的构建和管理方面，要明确党委、职能部门和教学单位在教材建设中的责任；在推进教材建设过程中，要强化各个部门、各教学单位之间的协作，建立职责明确、运转高效、整体协调的管理体系。

在课程思政的实施过程中，教材是不可忽视的一个重要因素。教材建设的优劣，直接影响到教育教学的方向与质量。如何将思想政治教育内容有机地纳入教材之中，使各学科的教材更好地起到教书育人的效果，从而提升人才培养质量，这是建设具有中国特色高质量教材体系必须攻克的一个难关。因此，高校党委要下大力气开展教材建设，做好顶层设计，整体协调推进，切实推动课程思政与教材建设相结合，努力建设一批符合时代要求的优秀教材，为立德树人事业提供强有力的支撑。

二、坚持管理程序规范有序

教材建设的水平与学科建设、专业建设、课程建设密切相关。教材的建设是衡量师资、教学、科研水平的一个重要标志，教材质量直接影响着人才培养质量的高低。教材是开展教学活动的基础要件，它和课程体系的构建是相辅相成的，它是编写者对教育教学当下研究现状、所包含的专业知识和相关的科研项目进行的总结性材料。教材中不仅包含编写者自身对教学的理解和认知，也包含编写者教学方式、知识架构体系、文化发展脉络和适用范围等方面的判断。而要产出一系列优质的教材，就有赖于建立规范有序的管理机制。

（一）建立具体完善的制度体系

"培养什么人、怎样培养人、为谁培养人"是所有教育从业人员必须回答的根本问题。教材作为知识的载体，作为落实立德树人根本任务的重要工具，应该用高质量的建设结果来回答这一根本问题。所以，高校加强教材建设，这既是在新时代下，我国高等教育进行内涵式发展的迫切要求，也是为国家培养社会主义事业的建设者和接班人的必然之举。建设高质量教材体系，必须先行建立高质量的制度体系。《普通高等学校教材管理办法》的出台，为我国高校教材的发展指明了前进的道路，为各高校提供了一套符合我国国情的、具有中国特色的高等学校教材建设标准。高校要在马克思主义理论的指引下，按照习近平总书记对新时期教材建设的重大指示，按照《普通高等学校教材管理办法》的要求，主动改变传统的教材建设观念，立足学生的需要，在教学方式上进行创新，提高整体质量，提升育人效果。

当前情况下，综合艺术院校要加快建立高质量的教材建设体系，在这过程当中，亟须创设一个颇具科学性和普适性的制度体系。首先，建立高质量教材建设制度要从全局出发，站在总体的角度去运作，使得其中的各环节能够相互产生作用，成为一种彼此相关联的综合性建设体制。在此过程中，也要不断健全教材的各项体制，如编制、审核、出版、选择、使用、更新以及评估监督等，在此基础上，为高品质教材的产出添砖加瓦，贡献力量。综合艺术院校要以国家和省级层面出台的政策制度为依据，结合自身发展特色，会同各职能部门和各教学单位共同研究制定出与国情、省情、校情相适应的管理制度，对教材的编写理念、内容组织、使用规范等进行全方位的把控，构建涵盖组织体系、运行体系、评价体系和保障体系的教材建设制度体系。同时，还要充分考虑课程思政理念的落实，确保其基本理念和价值取向符合要求。

（二）建立高效有序的运行机制

在建立较为完备的制度体系的基础上，还要不断健全高效运行的教材管理机制。要建立一个高品质的教材系统，就必须对教材的管理体制进行改革和创新。随着国家教材委员会和教育部教材局的先后成立，国家层面已经有了指导和统筹部门。各高校也积极成立本校的教材工作领导机构和具体负责机构。随着机构的不断完善，高校对教材工作的协调、执行、监督和调控能力持续增强，促进了优质教材的编写产出和选择使用，加快了劣质教材的淘汰速度，从而有效地保证了教材体系建设的各项工作顺利、有序地进行。以云南艺术学院为例，学校成立了由党政领导担任组长的"教材工作领导小组"，作为研究、规划和指导学术机构，全面负责学校教材工作；研究贯彻党、国家和云南省有关高等学校教材工作的重大方针政策；研究解决有关教材工作的重大问题；指导教材审核专家委员会的工作，并审议教材审核委员会的审核结果。学校内部的各教学单位履行教材管理的第一主体职责，成立相应的教材工作领导小组，研究本教学单位教材建设规划、监督本教学单位教材编审选用使用工作，切实保证高质量教材进课堂。通过对教材选用多级监管，严格把关，全面审查，切实选用高质量教材。鼓励各学院优先选用国家级规划教材、省部级以上重点教材、省部级以上的获奖教材、教育部教学指导委员会推荐的教材等优秀教材。

在教材管理机制中，审查环节是关键。要严格把握教材的政治审核，内容是根本，队伍建设是关键，工作机制是保障，要强化对教材的全程管理，确保从内容到形式，从队伍建设到工作机制，都要严格遵守政治标准。在教材管理中，政治审核是最核心的一个步骤，它是保证教材建设始终保持在正确的政治方向和价值导向，实现培根铸魂效果的重要制度设计。在评价过程中，应始终以是否坚持社会主义办学方向，是否体现党和国家的意志，是否体现中国特色为评价的基本准则，绝不能有丝毫背离。在评价教材优劣的时候，最重要的就是要关注其教学内容是否符合教育发展规律，是否符合学生的实际情况，是否能够反映出学科和产业发展的新成果，是否能够与时代要求相适应，是否能够将这些内容融入教学内容中。目前，如何用更生动的语言，把中国特色社会主义理论、革命传统、中华民族文化传统科学合理地融入教材中，是教材建设中要关注的重点。同时，要严格执行教材政治审查制度，建立系统、完备的政治审查标准。防止西方意识形态、危害国家安全的言论换上华丽的包装渗入教材中，毒害广大学生。为了保证教材政治审核工作顺利进行，一定要对每一项工作的审核细则进行细化，实行多级审查制度。对教材编写、教材出版、教材选用、教材评价等各个层次的工作制度进行完善，多管齐下，确保每一个环节都可以拧紧教材的安全阀。

（三）发挥重点优质教材的带动作用

在教材建设中，要发挥优质教材的示范引导作用，为教材的建设提供一个明确的方向，调动各个领域和各个环节的工作热情，激发出更多的优秀人才参加到教材的建设中来，从而提升教材工作的整体质量。以云南艺术学院为例，学校在开展教材建设中人做了以下几点：一是突出重点。积极布局教材建设的重点项目，在专业建设经费中设立教材建设经费，促进教材建设快速发展，尽早产出高质量成果。同时，提高学校和各教学单位对教材建设重要性的认识，加强对教材建设的指导；推动各教学单位成立教材建设工作小组，统筹推进各专业教材编写工作。二是突出特色。凝练教学科研特色，促进特色教材产出。聚焦特色课程、特色科研，以学校特色重点学科优质科研教学成果为基础，结合学校学科专业建设的需要，编写相应的具有少数民族特色和地方特色的教材。三是注重协同。课程积极带动教材，教材有效服务课程。推进与课程深度融合的精品教材建设，提高教材建设质量，以课程建设带动教材建设，使教材建设真正服务于课程建设，推动教材和课程的良性互动。

优秀的教材不仅要体现中华优秀传统文化的内涵，体现时代特征，还要以开放包容的心态，吸收当代世界学术前沿的优质成果。高校的教材建设成功与否，与教师的精力投入密切相关。因此，对于有教材编写项目的教师，高校要为其提供必要的支持和保障以保证教师能够全身心地投入教材的编写工作中。在对教材进行评价时，要严格把好政治关、学术关，加强对教材质量的追踪与监督，要将理论知识与价值目标结合起来，将高质量教育发展状况、立德树人效果等内容，都融入教材选用的细则之中。在评审工作中，应采取科学的评审办法，根据各类教科书的特色，进一步完善评审规则。在选择教材时，应坚持选择标准、选择程序，并主动采纳师生的建议，将选择程序纳入高校的管理系统中。与此同时，要将教材的选择工作转向以评促建，建立起一个在教材建设中的先进典型和示范标准，以此来激发和调动高校、编辑、出版社等各方参与教材建设的热情，开创一个能够提升和创新教材建设水平的新局面。

推进新时期中国特色优质教材资源的建设，综合艺术院校要紧紧抓住立德树人的基本任务，深入研究党和国家关于高等教育教材建设的方针政策，加强对教材建设的宏观调控，针对教材工作体系的构建做好顶层设计和节点规划，探索建立一个制度化、规范化、常态化的教材治理格局。

三、坚持高质量标准

高质量教材是高质量教育教学活动的良好开端，构建高质量教材体系，是建设高质量人才培养体系的重要环节。因此，在高校教材高质量建设中，应搭建高水平的教材建设平台，制定优秀教材的奖惩体系，深化教材、学科专业和课程一体化的建设与改革，为教材编制提供人力、物力、财力，产出质量过硬的好教材。在教材建设中，综合艺术院校要积极承担起时代赋予的使命职责，积极弘扬中华优秀传统文化、革命文化和社会主义先进文化，着眼于教材建设中存在的突出问题和薄弱环节，建立起集知识与价值、技术与应用等要素为一体的教材体系，让教材起到铸魂育人的基石作用，从而达到教材建设与人才培养的协同性，保证高校教材建设在新时代中能够完成立德树人任务。总之，教材建设要与专业、课程改革保持同步，与社会发展同频，用优质教材来助力高质量人才培养体系建设。

（一）理念思想的高质量

高校教材建设应处理好知与魂、术与道、教与学、质与量、引与培、源与流的关系。[①] 伴随着新一轮科技革命和工业革命的快速演化，教育教学理念不断更新，学科知识体系的迭代速度显著提高，多个学科相互交叉和融合，但部分教材中的专业知识与思政教育、科学技术发展、工业实践相脱节。因此，综合艺术院校要以课程思政建设和新文科建设为契机，推动艺术学科知识与思政元素的结合、与其他学科专业的交叉，为大学生提供思想指引，为学科专业发展寻找新的动力。

在衡量人才培养的成功与失败时，应做到"以德为先"。因此，对于教材优劣的评判，首先要关注教材所传递的思想内容。扎根中国大地办大学，所使用的教材要体现中华人民共和国的国家意志，以马克思主义为指导，将习近平新时代中国特色社会主义思想贯穿教材编写。对推进教育教学改革起到积极的作用，对学生的全面发展起到积极的作用，对学生综合素质的提高起到积极的作用，这既是一种教育高质量发展的内在需求，也是一种建设高质量教材体系的必由之路。大学生思想政治工作的一个主要目的，就是培养大学生的政治认同、思想认同和情感认同。一部好的专业教材，不仅要用正确的思想教育学生，用丰富的知识吸引学生，还要用真挚的情感感化学生。具体说来，就是要有思想的高度、知识的深度和情感的温度，三者有机地融合在一起后，就能形成各种学科和思政课共同育人的强大力量，才能实现"润物细无声"的育人效果。

（二）知识内容的高质量

教材内容的科学性、教育性，编写体例的体系性、艺术性，在教学活动中的合规性、可行性等是教材建设的一般性原则。

首先，专业教材要系统地对不同时期、不同国度、不同学派的观点进行系统的阐述。在进行全面介绍的前提下，要对各类思潮进行准确的分析和评估，分析它们的历史作用和现实价值，并指导学生在对它们进行全面了解、充分辨析的基础上，加强对科学理论的认识，从而建立起一个正确的历史观和价值观。

---

① 杨丹 . 构建新时代高校教材工作新格局初探 [J]. 中国高教研究，2021（12）：18–22.

其次，专业教材要立足时代，放眼世界。是否能够反映出时代的声音、反映出时代的要求，是否能够把先进和前沿的知识和理念融合到教科书当中，是评判优质教材的重要标准。要打造出一套精品教材，就要勇于承担时代的重任，立足新阶段、贯彻新理念，以新时期的社会发展需要和人才培养需求为基础，推动产学研的深度融合，加强同专业建设、课程建设的整合，推动教材建设向科技成果转化，保证教材的时代性、科学性与先进性，让它在社会经济发展和科学技术进步中起到推动作用。与此同时，在教材的建设上，要有前瞻性，要立足世界的前沿，打造一系列既能体现学科前沿，又能与世界形势相适应，还能体现出具有中国特色的高水准教材。

最后，要加强对教科书的审核，严把内容关，要对审核不合格的教材进行通报批评，制定统一的教材建设维度和标准，同时要对教材编制负责人的编制资格进行严格的限定，在面对不合格的教材时，要立刻予以召回。要确保优质的教材才能进入课堂进入学生的事业，避免劣质教材带来的弊端。加强教材建设，最终的目标是要让学生能够使用价值观正确、逻辑严谨、表述流畅的优秀教材。构建高品质的教材体系，一定要始终将学生放在核心位置，将学生的认识规律和他们的知识体系作为教材编写的逻辑起点；要对学生的思想脉搏进行掌握，对学生的基本需要进行明确，从而提高教材的趣味性、可读性和实用性。在知识迭代速度不断加快的今天，教材在保证稳定性的同时，也要注重知识的更新。在教材的建设中，要不断地进行改革和创新，用新的语言、新的理论、新的知识、新的成果来对教材进行润色。

（三）编审队伍的高质量

要加强高校的教材建设，就必须凝聚一批从事高水平教科书编写的教师。教师在教材编写中起着关键作用，是教材编写的生力军。第一，编写教材的教师要有过硬的政治素养和坚定的信念，有明辨是非的能力，在任何大是大非面前都有清醒的认识和正确的行动；第二，编写教材的教师要有渊博的知识，能够引导学生学会在历史、现实和未来的大背景下理解知识，并把理论知识讲解得生动、具体；最后，编写教材的教师要有高尚的道德品质，因为高尚的道德品质对于增强教学的吸引力至关重要，这种高尚的道德品质也会不断地带领学生走向新征程。

教材编写反映了教师对知识的系统掌握程度和创新运用能力，是一所大学教师综合素质的体现。为此，综合艺术院校要引导教师站在培养社会主义事业的建设者和接班人的高度，站在对知识进行创新、对文化进行传承的高度，自觉主动地参与教材建设。

要建立激励机制，鼓励广大教师投入教材建设。编撰教科书是一项多人协作的工作，综合艺术院校要有针对性地建立激励机制，激发教师的积极性和创造性。例如，云南艺术学院制定了《云南艺术学院艺术类专业课教材出版资助办法》，对本校在职在编教师编写的优秀教材给予出版资助，并重点资助能体现本校学科专业优势和特色、具有较高推广价值的高水平教材。同时，在职称评定时，对高水平教材赋以高分值。通过实施这些激励措施，教师的积极性被有效激发，提交出版计划的教师逐年增多。

目前，高校的教育教学都是以"高质量"为准绳。在大学教材的建设中，要加强教师的质量意识，加强对教科书使用过程中的审查，以保证教科书的品质，发挥其真正的作用。师生是教材的实际使用者，是最有权力评判教材质量的人群，因此高校要注意收集师生对教材的使用反馈。充分听取教师和学生的意见，保证教师和学生使用的教材是教师用得上、学生学得懂的教材。

我国已进入全面建设社会主义现代化国家的新阶段，在新的历史条件下，综合艺术院校教材建设应与时俱进，适应经济社会高质量发展的要求，适应国家和人民对文化艺术事业的需求。同时，综合艺术院校应明确自身的战略定位和发展方向，建立一个具有时代性、系统性、前瞻性的高质量教材建设体系，为推进经济转型、社会进步、文化繁荣提供必要的人才支撑，为社会主义现代化建设注入新的动力。

第六章
革新求变推进师资建设

人才培养，关键在教师。教师是立教之本、兴教之源，承担着让每个孩子健康成长、办好人民满意教育的重任。教师是实施课程思政的教育主体，在推动新时代大学课程思政建设中起着举足轻重的作用。教师队伍育人意识与能力是影响课程思政建设效果和质量的关键因素。因此，为了保证课程思政工作的顺利开展，需要对广大教师，特别是专业课教师开展综合素养培训。

第一节　提升思政素养

教师的根本任务是教书育人，培养和提升教师的教育教学能力，应该以育人能力为核心。[①] 教书育人是教师的本职工作，其特殊的职业性质要求教师不断地学习新的知识，不仅学习自己的专业知识，还学习党的最新理论成果，用最新的思想来武装自己的头脑。进入新时代，面对各种挑战，高校教师要加强自身课程思政能力建设，强化价值引领，肩负起立德树人的历史重任。

---

① 董奇. 育人能力是教师教育教学能力的核心 [J]. 中国教育学刊，2017（1）：3.

一、强化思想政治教育

"师者，所以传道受业解惑也。"教师是对学生进行价值塑造的关键力量，其政治思想素质对大学生思想行为起着潜移默化的作用。推动高校课程思政与思政课程协同育人，教师的政治素养在这一过程中发挥着至关重要的作用。要充分发挥教师作为传道者和传播者在价值引导、理论传播、知识传授等方面的主导作用，首先要求传道者自己明道、信道。只有自己明道才能信道，"传道"才具有信服力和感召力。

（一）明道——深厚的理论基础是开展课程思政建设的前提

专业课教师要引导大学生树立正确的价值观念，就必须具备正确的价值观念、较好的理论素养和较高的道德修养。作为一名专业课教师，其理论功底扎实，理想信念坚定，才能在备课时对思政要素有敏锐的洞察力，找到切入点，使之有效地融入专业课教学中，使专业知识和思政元素如"盐"与"水"相融。同时，要坚持理论和实践相结合的原则。专业课教师要在掌握理论知识的前提下，充分发挥自身的主观能动性，以自身所学指导"课程思政"建设，将马克思主义基本原理与中国具体实际结合起来，将党和国家的重大方针政策与学校的教学工作结合起来，将习近平新时代中国特色社会主义思想与学校的学科专业建设结合起来，把两条主线贯穿其中。

习近平新时代中国特色社会主义思想是当代大学生应把握的世界观和方法论，作为教师，要开展课程思政建设，必须将其学懂弄通，并将其作为思政元素的重要内容。专业课教师要想实现将习近平新时代中国特色社会主义思想融入课堂教学中，必须加强理论学习，使之内化于心，外化于行，真正做到学以致用。专业课教师可以通过阅读原著，提高对理论知识和基本观点的掌握能力，也可以通过聆听专家讲座，与其他专业课教师探讨"课程思政"建设理念，从而提高对习近平新时代中国特色社会主义思想内涵的理解能力。与此同时，专业课教师也可以向本校思政课教师请教或讨论。通过多措并举，打牢理论基础。人类社会在不断前进，理论需要不断丰富创新。社会主义核心价值观是中国共产党站在新的历史方位上，对马克思主义理论的一种创新，为高校开展思想政治教育提供了丰富的思想源泉和坚实的理论基础。社会主义核心价值观给人们提供了正确的价值取向，在具体的实践操作过程中，专业课教师需要加强正确的引导，积极地践行社会主义核心价值观的内涵和精神，并落实到自己的日常生活中。专业课教师要树立起表率意识，以身作则，在日常生活中践行核心价值观，用自己的言行为学生树立榜样。

（二）信道——明确的价值认同是开展课程思政建设的必要条件

专业课教师要对中国特色社会主义树立坚定的政治认同；对"中国共产党为什么能，中国特色社会主义为什么好，归根到底是马克思主义行，是中国化时代化的马克思主义行"这一重要论断，树立坚定的政治认同；对共产主义远大理想，对中华民族伟大复兴事业树立坚定的政治认同。专业课教师要立足为国家和区域发展战略服务的政治立场，主动将专业知识的教学融入国家和区域发展战略中。专业老师要坚定信念，在持续的学习中深化自己对马克思主义的理解，对马克思主义有清晰的认识，把正确的价值观传递给学生。

专业课教师要自觉进行政治理论学习，主动参与学校组织开展的各项培训，主动与思政课教师共同学习党的创新理论和政策，通过加强理论学习来提升对本专业知识的认知，挖掘本专业理论的内在价值，激发教书育人的使命感和责任感，让自己的政治觉悟得到全方位的提升。同时，专业课教师要不断总结和改进教学工作，提出新思路、新方案，推出新举措，并敢于探索和创新，敢于面对矛盾和困难，主动面对发展过程中出现的困难和问题，把精力集中在突破上，将工作放到发展的全局中来考虑、规划、落实。在新的历史条件下，专业课教师还要提高自身的政治责任感和责任意识，坚持政治正确的导向，敢于进行自我革命，在斗争中磨砺自己；与师生同心同德，齐心协力，共同努力，为高等教育事业的发展做出自己的贡献。

专业课教师要在思想意识上树立对"课程思政"建设的明确认同，要更新陈旧的教育教学理念，且思想政治教育是以人为中心的教育，必须做到以生为本。人们接受事物既有主动的一面，又有被动的一面，思想观念、制度、道德规范等不全是在人们自愿接受的情况下形成的。思想政治教育是一种主动性与受动性相结合的活动。在进行课程的准备时，专业课教师要将教学技巧与语言艺术进行有效的应用，将知识的传授与理想信念的浸润有机地结合起来，让学生在学习的过程中，能够随时随地感受到价值塑造。

（三）传道——强烈的使命担当是开展课程思政建设的推进器

教师要以强烈的使命担当投身到立德树人事业中，主动引导学生坚定政治立场，树立正确价值观。新时代的大学教师要充分地扮演好教书育人的重要角色，既要传授知识，也要传递先进的理念思想，遵循教育规律和学生的身心成长规律，指导他们坚定理想信念，培养他们的爱国主义情怀，强化他们的道德修养，拓宽他们的知识视野，培育他们的奋斗精神，提高他们的综合素质。在新时代，高校教师要始终把社会主义核心价值作为自己的引导，把社会主义核心价值与整个教育和教学的整个过程融合在一起，从而形成一个全面的育人合力。

高校要为教师提供展示自身教书育人能力的平台，服务教师全面发展。高校可以开展一系列有针对性的培训、竞赛和项目评选活动。例如，教师教学比赛、多媒体课件制作培训及竞赛、微课制作技术培训、教师教案评比、教育教学改革项目评选、教学成果奖申报、教学名师评选、优秀教师评选等活动，在多形式、多角度提升教师教学能力的同时，为教师提供一个检验自己育人能力的平台。以云南艺术学院为例，学校积极动员广大教师参加"第三届全国高校教师教学创新大赛云南赛区比赛暨第六届云南省高校教师教学大赛"，在组织校赛选拔过程中，学校始终坚持"以赛促教、以赛促学、以赛促改、以赛促建"原则，将课程思政教学能力作为竞赛评比的重要标准，考察教师是否做到了知识传授、能力培养和价值塑造有机结合。竞赛激发了教师教学创新动力，强化了教师课程思政教学能力，推进了信息技术与教育教学融合发展，进一步凝聚了基层教学组织合力。在此次竞赛中，学校6个教学团队表现出色，一举在省赛决赛中获得2个特等奖、2个二等奖、2个三等奖，较好地展现了云南艺术学院教师的精神风貌。而在国赛决赛中，1个教学团队获课程思政正高组全国一等奖，1个教学团队获新文科正高组全国三等奖。国赛奖项花落云南艺术学院，是近年来学校在本科教育教学方面取得重要进展的最好印证，也是学校教师教学水平不断提升的最好印证，更是学校在课程思政建设开花结果的最好印证。

二、加强师德师风建设

百年大计，教育为本；教育大计，教师为本。习近平总书记在全国高校思想政治工作会议上强调，"高校立身之本在于立德树人"。加强师德师风建设，是全面贯彻党和国家的教育方针、深入落实立德树人根本任务的必然要求，也是推进高等教育高质量发展、培养德智体美劳全面发展的社会主义建设者和接班人的应然之举。课程思政建设的关键取决于教师的思想认识，一方面检验着教师能否正确理解和运用思想政治教育这一理论方法，另一方面要求教师拥有相应的师德师风水平。

（一）良好的师德师风是开展课程思政建设的基础

教师的知识素养与道德修养的提升是人才培养的重要环节。教师的师德修养对学生世界观、人生观、价值观的形成有着深刻的影响。课程思政也好，思政课程建设也罢，都是为了培养社会主义建设者和接班人。在这个过程中，教师的道德素质起着至关重要的作用。要建设高质量人才培养体系，必然要加强师德师风建设，提升教师队伍师德师风的整体水平，筑牢课程思政的建设基础。

教师要努力成为"学高身正"的示范。教师要在教育活动中取得理想的效果，除了要有扎实的理论功底和过硬的专业技能，还需要有强大的人格力量。与其他专业相比，艺术专业的学生与教师相处的时间更为长久，他们不仅在课堂上朝夕相处，还要在排练厅、剧场、工作室和画室等开展艺术实践。在这样长时间的相处中，学生会潜移默化地受到教师的影响。如果教师是德艺双馨的典范，学生会将其作为自己学习的榜样。教师高尚的涵养、强大人格魅力、规范的言行举止，是一种潜在的力量。这种力量会默默感染学生，并深深地埋藏在学生的心底，在他们今后为人做事的时候，会释放出一股强大的力量，让学生可以保持自己的道德认知，在追求自我成长的同时，还能承担起社会进步的责任。

教师要不断提升自己的职业素养。教师这一职业的特点就是要爱学生，甘于奉献。作为一名教师，在解决技术性难题时，更应发挥自己坚实的理论基础和娴熟的技术能力，通过给予帮助、鼓励与亲自指导相结合，增加学生独立解决问题的机会，提升其综合素质。这种方法既能拓宽基础课的内容，又能使学生在实践中运用所学知识，增强他们的自信，激发学生的创作与创新的动机，让学生热爱专业，学好专业。对于艺术类专业课教师来说，要培养自己追求真、善、美的艺术精神，并通过向学生讲述自己在艺术创作道路上的心路历程，让学生懂得如何培养艺德。

（二）高校要将师德师风建设作为重点工作来抓

加强高校师德师风建设，对于培养德智体美劳全面发展的社会主义建设者和接班人、推进高等教育内涵式发展具有重要意义。为此，高校要提高政治站位，以高度责任感和使命感做好师德师风建设工作。

要加强组织领导。师德师风直接影响着教师队伍的整体素质，高校党委要充分发挥"领头雁"的角色，提高自身的政治地位，对自身存在的问题进行全面梳理，根据自身情况制订一套完善的教师道德建设计划，不断健全师德考核和监督制度，优化教学质量测评方式，把师德师风放在首要位置，引起教师的重视。同时，高校领导要与各部门、各教学单位保持良好的沟通，保证各项工作顺利进行。此外，高校要加强对教师道德教育的研究。高校应大力推进师德师风专题教育，通过集中授课、专题讲座、专题讲座等方式，向教师传达师德师风方面的思想，以主题党日和"三会一课"为载体，以丰富多彩的学习形式，让师德师风走进学生的心中。另外，高校要把好入口关，在招聘引进教师时，不能只关注教师的学历、专业水平，还要全面考察教师的道德品行，切不可让品德失范的人员进入教师队伍中。

要注重榜样的示范引领。一是注重选树先进典型。注重挖掘校内先进典型，发挥模范人物的示范引领作用。高校要加强对教师群体的研究，全面客观评价教师工作，深入剖析教师队伍中存在的突出问题，及时总结宣传教师群体中的先进典型，引导广大教师学有榜样、行有示范。二是注重舆论宣传引导。通过网站、微博、微信等媒介加大师德师风建设工作宣传力度，利用优秀师德典型事迹宣传活动和重大新闻事件开展正面宣传引导工作。各高校要对自己学校中的优秀典型进行深度发掘，通过事迹宣传、公众号推送、学校官网开设教师节栏目等方式"广而告之"，形成一个"榜样就在身边"的良好氛围。在一些特殊的时间节点要对优秀教师进行表彰，如在教师节期间，对优秀教师和先进个人进行表彰。

要建立长效机制。高校要建立健全师德师风建设长效机制，制定相关制度规范，加强监督检查力度，建立师德师风失范行为通报制度和责任追究制度。相关职能部门要发挥指导监督作用，各教学单位也要发挥自我监督作用，形成齐抓共管的工作格局。同时，高校要注重日常培训，把师德师风教育作为培训内容的重要组成部分，对新入职教师、新任职教师等不同群体进行针对性的培训。此外，高校要积极开展师德先进事迹宣讲、优秀教师事迹报告会等活动，引导广大教师见贤思齐，不断提升自身道德素养；要经常性开展师德警示教育，通过签署师德承诺书，观摩师德典型事例，使所有教师都能从中吸取教训，并把对教师的评价与教师的业绩相结合，对教师的奖励和职称评定都要采取一票否决的办法，使教师对师德师风产生敬畏之心。

例如，云南艺术学院在推进师德师风建设中，严格执行学校相关制度，组织开展"师德师风教育月""清廉云艺"等活动，树立正气，营造氛围，组织开展规范教学纪律督查，加大教学督导力度，切实增强教师课堂管理意识和教书育人意识，加强对课堂纪律、学习风气的管理和引导，全面关心学生的成长，以优良教风带动学风。在2023年教师节期间，该校开展"躬耕教坛，强国有我"优秀教师系列报道，用身边人、身边事为广大教师树立榜样。

（三）艺术院校教师要将"德艺双馨"作为自己的事业追求

艺术类专业课教师对学生不仅要传授艺术技艺，还要进行品德教育，培育具有艺术家精神、德艺双馨的艺术人才，培养能够为社会主义文化繁荣事业贡献力量的时代新人。作为综合艺术院校的专业课教师，除了教好书、育好人，还要创作优秀的艺术作品，为繁荣社会主义文艺事业贡献力量。艺术类专业课教师要善于从历史和现实中吸取养分，从国内外艺术领域的发展变化中吸取养分，将对党和国家的忠诚、对人民群众的热爱、对艺术创作的执着追求，通过艺术作品体现出来，更好地为党和人民的事业服务。艺术类专业课教师要深刻认识到具备深厚的艺术理论知识和精湛的艺术技艺，是作为一名合格的艺术类专业课教师的基本要求。同时，艺术类专业课教师还要具备深厚的文化底蕴和较高水平的文化修养。唯有如此，方能创作出紧扣时代脉搏、反映人民心声的艺术作品。艺术专业的学生个性较强，主要看教师做了什么。教师掏心掏肺的千言万语，不如一幅幅、一部部优秀作品更具教育意义。学生一旦认可了专业课教师的专业能力，便会从其他方面关注教师，学习教师。

艺术类专业课教师应该怀揣教育者的初心使命，不仅要在专业领域不断充实提升自己，还要不断加强"课程思政"方面的研究，找到专业知识与德行教育相融合的最优方法，在三尺讲台上为立德树人事业默默奉献；同时，要将"德艺双馨"作为自身的毕生追求，不断修炼自己的"艺品""艺德"，在艺术舞台上为学生做出示范，引导学生成为一名具有高尚道德品质的艺术工作者。

三、牢固树立文化自信

文化自信是一个民族不断向前发展的动力源泉，对一个民族的发展起着至关重要的作用。文化自信事关中国特色社会主义前途命运，习近平总书记多次强调了文化自信的重要性，其在庆祝中国共产党成立95周年大会上指出，文化自信是"更基础、更广泛、更深厚的自信"，是道路自信、理论自信、制度自信的思想根基。综合艺术院校不仅是人才培养的主要力量，还是繁荣社会主义文化事业的主力军，必须牢固树立文化自信。

（一）文化自信是综合艺术院校的发展前提

一个民族要想不断进步，不仅需要坚实的物质基础作为支撑，还需要强大的精神力量来引领。文化作为一种软实力，是一个国家综合国力的重要组成部分。在百年未有之大变局的新时期，国家之间的竞争越发激烈，文化作为增强民族凝聚力和激发民族创造力的重要元素，地位和作用不断提升。古今中外，文化在社会变革、民族进步中发挥着重要的先导作用。春秋战国时期的百家争鸣，五四新文化运动提倡的爱国、进步、民主、科学等进步思想，欧洲文艺复兴运动所倡导的人文主义精神，无一不为当时的社会变革提供了强大的精神指引。

坚定文化自信是综合艺术院校义不容辞的职责。高校承担着人才培养、科学研究、社会服务、文化传承创新和国际交流合作职能。综合艺术院校既是艺术创作的场所，也是培养艺术人才的摇篮，是繁荣社会主义文化、建设文化强国的直接参与者，必须把牢固树立文化自信作为最大的发展前提。"以艺载道、以美育人"是我国艺术教育的优良传统，是中华传统教育思想在艺术教育领域的体现，时至今日，仍然有着重要的指导价值。在中国特色社会主义新时代，"以艺载道、以美育人"就是要将艺术教育与社会主义核心价值观相结合，使学生能够以正确的价值观念来认识艺术，以正确的审美标准来理解艺术，并在这样的过程中，接受艺术的熏陶，树立弘扬"真善美"的艺术理想。以艺载道、以美育人的本质就是把优秀的传统文化融入当代的精神之中，发挥文化育人的作用，从而对社会主义核心价值观的培养和践行起到积极的推动作用。综合艺术院校要坚持艺术教育的初衷，遵守艺术教育的规律，坚定自己的文化自信，把优秀的传统文化的价值融入学生的思想、道德和价值观中，帮助学生树立正确的世界观和人生观，让学生成为一名德才兼备的社会主义建设者和接班人。

文化是一个国家的精神血液，是一个民族的精神家园。文化无声无形，却又无处不在。综合艺术院校应不断汲取中华优秀传统文化、革命文化、社会主义先进文化以及改革开放的历史过程中积淀下来的强大精神力量，并在此基础上积极践行社会主义核心价值观。中国是一个有着悠久历史和灿烂文化的民族。在中国 5 000 年的历史长河中，形成了灿烂辉煌的中华文化，形成了以爱国主义为核心的民族精神和以改革创新为核心的时代精神。它既是一个民族成长的动力之源，也是一个民族坚定的文化自信之基。

新时代背景下，综合艺术院校要想在坚定文化自信上发挥重要的作用，就必须将优秀的传统文化与艺术教育相结合，要充分发挥课堂教学的主渠道作用和各种校园文化载体的辅助作用，让学生在优秀传统文化熏陶和启发的过程中，增强民族认同感和自豪感，从而树立正确的世界观、人生观、价值观。综合艺术院校有义务去挖掘、整理、保护和提升我国各种优秀文化，通过培养优秀人才，创作优秀作品，让中华优秀传统文化、革命文化和社会主义先进文化走进人民的生活，走向世界，为文化传承创新事业，为世界文化繁荣发展贡献力量。

（二）坚定文化自信是艺术类专业课教师的使命担当

在中国文联第十一次全国代表大会、中国作协第十次全国代表大会开幕式上，习近平总书记指出，广大文艺工作者要增强文化自觉、坚定文化自信，同时给广大文艺工作者提出 5 点希望：一是心系民族复兴伟业，热忱描绘新时代新征程的恢宏气象；二是坚守人民立场，书写生生不息的人民史诗；三是坚持守正创新，用跟上时代的精品力作开拓文艺新境界；四是用情用力讲好中国故事，向世界展现可信、可爱、可敬的中国形象；五是坚持弘扬正道，在追求德艺双馨中成就人生价值。

习近平总书记在对深化人才发展体制机制改革的重要指示中指出，办好中国的事情，关键在党，关键在人，关键在人才。对于综合艺术类院校来说，培养人才，应该注重对教师队伍的培养。高等学校是社会主义教育事业的重要阵地，高校的师资力量是其核心竞争力。综合艺术院校的教师既是文艺工作者，也是教育工作者。站在新的历史方位，综合艺术院校的教师有义务继承中华优秀传统文化，培育和践行社会主义核心价值观，推动社会主义文化的蓬勃发展。文化自信并非一蹴而就，它是一个长期积累的过程。为此，综合艺术院校的教师要进一步推进艺术创新，使中国优秀的传统文化能够在现代社会中实现创造性的转换与发展，从而增强文化自信。在新的时代背景下，综合艺术院校的教师要时刻牢记自己的使命，坚持正确的政治方向、学术导向和创作导向，对优秀的传统艺术和当代艺术进行持续的创新发展，加强对中国特色社会主义文艺理论的深入研究，加速构建中国特色艺术学学科体系、学术体系、话语体系，推进国家的文艺事业发展，同时要加大对艺术创作的研究力度，创造出更多反映时代精神、反映人民心声、有中国特色的文艺作品。

不仅要让自己坚定文化自信，作为教育工作者的教师，也要引导学生坚定文化自信。在中国大地上办艺术教育，必须彰显中国自己的文化，树立文化自信，走中国特色艺术教育道路。作为综合艺术院校的教师，要以坚定文化自信为己任，牢记"立德树人"的使命，坚持"以文化人、以德育人"，用艺术之美完成育人任务；要把社会主义核心价值观、中华美育精神融入教书育人过程中，努力为国家培养合格的艺术人才；通过组织开展丰富的艺术实践活动，用艺术作品展现中国特色社会主义建设成果，引导学生了解中华优秀传统文化、革命文化和社会主义先进文化，自觉弘扬主旋律、传播正能量，在潜移默化中引导学生树立正确的世界观、人生观和价值观。在坚定文化自信背景下，艺术类专业课教师在开展课程建设，培养艺术人才时，必须坚持传承和弘扬中华优秀文化，努力成为优良社会风气的倡导者，引导学生在选择艺术作品的题材方面，以彰显中国精神，体现民族气韵为方向，做到与时代同步，与人民同行。艺术类专业课教师要切实增强责任感和使命感，立足专业、立足课程，发挥专业和课程的特色，积极开展艺术实践，将坚定文化自信融入课堂教学、艺术实践等各个环节中，使学生在感悟中深刻理解为什么要坚定文化自信，怎样坚定文化自信。艺术类专业课教师要在学生中树立坚定文化自信的榜样，不断提高自身文化素养和专业水平，用专业特长感染学生、影响学生。

综合艺术院校和艺术类专业课教师应抓住时代的脉搏，加强文化自觉，坚定文化自信，担负起艺术教育的重任，积极推进中华优秀文化的创造性转化和创新性发展，坚守人才培养的阵地，坚守艺术创作的阵地，努力建设高质量艺术教育体系，培养具有文化自信和较强艺术创作力的艺术人才，创作出能够满足广大人民需求的优秀作品，为实现中国梦、实现中华民族伟大复兴做出自己的贡献。

第二节　更新教学理念

课程思政建设的关键是要使各类课程都发挥思想政治教育的作用，教师的课程思政能力和水平直接关系到课程教学水平。目前，部分教师并未深刻地认识到课程思政建设的意义，对其内涵也理解不深，影响了课程思政建设的效果。专业课教师要实施好课程思政建设，首先要更新教学理念，深入理解课程思政的内涵，不断增强课程育人的意识。只有这样，教师才能主动、自觉地发掘专业课程里蕴含的思想政治教育资源，从而为课程思政提供源源不断的活水。

一、增强课程思政意识

教育部《高等学校课程思政建设指导纲要》明确指出，"要紧紧抓住教师队伍'主力军'""促使课程思政的理念形成广泛共识，广大教师开展课程思政建设的意识和能力全面提升"。为了使课程思政育人工作得到更好的实施，更好地发挥各类课程的资源供给功能，必须让全体教师把握好课程思政的本质属性。高校应该提升全体教师对课程思政的认识水平，重视对思政教学能力的培养。高校要对教师进行系统性的培训，帮助教师对课程思政理念形成整体性认知，明确为什么要实施课程思政，找到探索课程思政的入口，让教师能够更好地把思想政治相关的理论融入自己的教育教学中。

（一）教师要转变传统教育观念

实践需要科学的理念来指导。对于教师来说，教育理念是指引自己开展教学活动的灯塔。因此，教师要树立终身学习的理念，及时了解并消化吸收教育新理念，并用其来指导自己的实践，以避免自己在教学中出现"迷失"状态。目前，我国社会正处在一个关键的转型时期，各种矛盾相互交织，多元价值观相互碰撞，社会环境越发错综复杂，这给高校学生的思想政治工作带来了很大的困难。面对这样的困境，仅靠思政课对学生进行思想政治教育是远远不够的，迫切需要全体教师、全部课程加入育人方阵。专业课教师要尽快理解并掌握课程思政的理念、方法，拓宽育人的渠道。

长期以来，思想政治教育和专业课程教育在高校的日常教育教学中可谓"泾渭分明"。大家普遍认为，学生的思想政治教育应该由马克思主义学院的教师来负责，其他课程的教师只要耕好自己的"一亩三分地"就行。而这样做的结果是，各高校的思政教育效果普遍欠佳。根据统计，高校里面的专业课教师占全体教师的80%，专业课程占所有课程总量的80%，学生投入专业学习的时间占全部学习时间的80%。对于在校学期间，谁对学生的影响最大的调查结论是80%的大学生认为，专业课以及专业课教师对自己的成长影响最深。因此，专业课和专业课教师也应最大限度地发挥育人作用。

课程思政的本质就是要将立德树人贯穿于学生的整个学习过程中，实现思想政治教育与人才培养的有机融合。要让这"80%"发挥出育人的作用，就必须帮助各类课程的教师加深对课程思政的价值认识，理解并认可价值观和人文素养对于学生成长的重要意义。专业课教师是否具备思政意识、是否认同课程思政、是否怀揣立德树人的使命，在很大程度上决定着他们是否愿意投身课程思政的研究与实践。其中，专业课教师是否具备课程思政意识，是课程思政教学改革成功与否的关键。提高专业课教师的育人意识，增强专业课教师的育人责任感，使其主动将育人和育才联系起来，可以激发专业课教师实施课程思政的内在动力。国家和社会的发展进步不仅需要有知识文化，有专业技能的人才，更需要有品行端正，心中装着国家、装着民族、装着世界的全面发展的人。这样的人不会凭空产生，而是要在良好的教育环境中培养出来。将育人和育才相结合，考验的是教师的教学能力，考验的是教师的"职业良心"。新时代，要成为一名合格的"四有"好教师，必须积极主动地提升自身的思想政治素养，培养思想政治教育能力，不断深入挖掘课程中的思想政治教育元素，教育学生在正确的价值引导下，建功立业，实现理想。

（二）高校要加强教育培训

当前，部分教师还未厘清"思政课程"和"课程思政"的关系，找不准在专业教学中实施课程思政的路径。对此，高校要通过教育培训，加强教师对课程思政的认识，帮助他们消除认识误区，提升改革的实效性。

高校要举办课程思政教学改革系列讲座和研讨班，邀请相关领域专家认真解读课程思政的丰富内涵以及实施背景，介绍实施课程思政建设的良好经验，帮助教师转变传统教育理念，让教师认识到课程思政的重要性，改变他们对课程思政的观点，消除他们对课程思政存在的误解，主动把课堂打造成为国家育才的主要阵地。除了专项的培训，还要在新进教师培训、教学能力提升培训中加入课程思政的内容，多方面、多角度引导教师自觉承担育人使命。

高校还要积极营造推进课程思政建设的良好氛围。首先，要制定并印发学校开展课程思政建设的整体规划和相关文件，向教师发放课程思政的学习材料，明确学校开展课程思政建设的目标任务。其次，学校、系部、教研室应组织开展好课程思政教学经验交流会，分享心得体会，共享优秀案例资源，共同探索教学策略与路径，从多角度来讨论对课程思政的理解。再次，还可以鼓励教师之间相互走进对方的课堂，直观地学习彼此的优点。通过对课程思政建设的学习交流，使教师了解到，思想政治素质是执教的前提。教师可以通过对课程思政的认识水平的反思，梳理自己的教学思路，以更好地提升教学质量，推动课程思政育人的创新和完善。最后，要构建起一套课程思政集体教研制度，邀请思政课教师共同对专业课程中的思政元素进行筛选，共同对课程思政建设中的重点、难点展开交流讨论。

（三）始终做到以学生为中心

教师要改变传统教育中的"监督者"，甚至是"独裁者"的角色，关注并参与学生的学习生活。在教学过程中，教师应将自己置身于课堂教学中，站在学生的角度来感受。一个教师必须进入学生群体中，和他们进行思想的交流，激发他们的激情，才能理解和把握他们在学习中的成长。每位教师只有立足学生的学习和思想实际，立足本学科、本专业的实际，采用适宜的教学方法，不动声色地向学生传达正确的价值观，才能实现课程思政的教学目标。要做到这一点，教师就必须矫正以往的认知偏差，不要被过时的观念所影响，让学生成为教学活动的"主演"，让自己成为教学活动的"导演"，虽不出彩，却是教学活动这一"剧目"的灵魂人物。

思政元素与专业知识的有机融合，既可以让思政教育变得有活力，也可以使专业课变得更具价值，使学生在专业课的学习中体会到思政哲理。在课程内容上，教师应该对思政教育的教学内容进行选择优化，可以适当地展开与艺术审美相关的课堂教学与课外实践活动，利用多种多样的审美活动来提高学生的审美情趣，丰富学生的精神世界，让学生的精神生活变得更加充实，在提高艺术审美素养的同时提高学生的人文素养。用对美的感知来消解学生对纯粹理论知识的认知抗拒，用优秀的艺术作品来提高学生的思想价值认同。

以学生为中心开展教学，可以提高学生参与度，激发学生的学习热情，提升教学效果。因此，教师在教学中，切记不要生搬硬套，要采取灵活多样的方式，从学生的角度去思考怎么组织思政元素。学生可以通过搜集资料、分组讨论等方式来体会艺术的魅力，感受审美的过程，在学习专业课知识、锻炼能力的同时，也可以得到思想的升华。此外，学生要带着对生活、对祖国的热爱去进行创作，创造出有温度、有感情的作品。

二、增强协同育人意识

在构建"三全育人"体系的背景下，高校的每一位教职工都是育人的主体，思政教育已不再是某一部门、某一部分教师的职责。课程思政建设的实施，更是明确了所有教师都必须参与育人环节，所有课程都要将育人作为教学的目标。课程思政打通思政课程与其他课程的通道，将育人的力量凝聚在一起，有力地推动了"大思政"育人格局的构建。"术业有专攻"，在思政理论的理解和掌握上，思政课教师较专业课教师更加系统、全面、深入；而专业课教师则能为学生传授大量的专业知识和技能，学生也较为喜爱专业课。因此，思政课教师和专业课教师要加强协作，相互学习借鉴，提升育人效果。总之，无论是"三全育人"大格局的构建，还是实施课程思政建设，都必须加强各环节、各要素之间的协同合作。

（一）协同育人是提升课程思政建设效果的有力措施

协同育人是新时代提升高校育人工作的有效途径。课程思政实现了全课程育人，拓宽了育人渠道，提升了育人效果。协同育人是一项系统性工程，涉及教育教学中的每一个要素，只有建立高效的整合机制，才能凝聚力量，形成教育合力。课程之间的协同育人并不是将各类课程的思想政治元素进行简单叠加，而是一种育人格局的重建。

在传统的高等教育实践中，高校的人才培养多立足专业理论体系，以培养具有一定专业背景的人才为目的，聚焦于学生的专业教育。这样的教育实践忽略了人的全面发展，五育并举的理念未得到真正落实。基于这一原因，国家推动实施课程思政建设，对学生进行全面的教育培养。课程思政紧紧围绕立德树人根本任务，把专业教育和课程建设作为育人的着力点，贯彻协同育人理念，打破不同专业、不同课程之间的育人界限，形成以思政课程为"点"，以具有丰富思政教育资源的其他各类课程为"面"的"同心圆"。思政课程就如圆规的"规脚"，确定好"圆心"；其他课程如圆规的"划脚"，画出圆面。二者相互协同配合，才可创造出完美的育人"圆圈"。构建协同育人的课程思政教育体系，需要全体教学单位和职能部门共同参与。在具体的实施过程中，高校要加强总体布局，教务处要发挥主导作用，各教学单位要发挥主体功能，其他职能部门要积极辅助。院、系、部之间要打破藩篱，加强沟通，建立协作。各部门立足自身的职能，多角度促进。例如，教务处可组织开展跨院系的协作育人研讨，教师中心可组织以协作与人为主要观测点的教学技能竞赛。全校共同发力，营造协同育人的良好氛围，探索建立协作育人的工作机制。

在推进课程思政协同育人的过程中，可以借鉴当前高等教育正在实施的"四新"建设的理念、原则和架构。"四新"建设旨在通过学科之间的交叉融合，实现现有学科体系的创新发展。"四新"建设蕴含着"融合"的理论意蕴，强调通过学科之间的深度融合，推进高等教育内涵式发展，培养社会需要的有用之才，为国家发展提供知识和人才支撑。

"四新"建设的实施，对于建设一流本科教育，推动高等教育现代化具有重要的意义，其交叉融合的理念为课程思政协同育人提供了一定的理论支撑。

（二）思政课教师和专业课教师应加强合作

独木难支，合抱成林。紧紧依靠思政课教师和专业课教师当中的某一方，都难以圆满达成学生的思政教育。因此，思政课与其他课程之间要形成协同效应，建立起一套行之有效的机制，让思政课教师与专业课教师之间的交流与沟通变得更加紧密，为推动课程思政课教学改革提供强大合力。马克思主义学院和教学单位之间要建立常态化合作机制，组建一支"思政课教师+专业课教师"的队伍，形成育人合力，共同做好学生价值取向的引导工作，完成立德树人的根本任务。

在本科教学中，由马克思主义学院教师承担的思政课一般安排在前两年完成，后两年只有形势与政策等少量课程，学生后半段的学习基本围绕专业课展开。这时，专业课教师应该接过思政教育的"接力棒"，在专业课中履行育人责任。在专业课教学中实施课程思政建设，首先，要以专业人才培养方案为出发点，明确知识、能力、价值观三位一体的人才培养目标，并以此为依据，指导专业中每一门课程与思政元素的融合。其次，要完善课程教学大纲，确保每一门都将三位一体的人才培养目标落实到位。在这个过程中，教师不能把专业课等同于思想政治理论课，要保留专业课的学术性和专业性，理顺课程教学中正确的政治方向、价值取向和学术方向之间的关系，处理好"显"与"隐"的关系。专业课教师要提炼出专业课背后的思政要素，并发掘出课程中所包含的文化价值，从而将优秀的文化潜移默化地传递给学生。为做到这一点，专业课教师要积极向思政课教师借力，邀请思政课教师参与课程思政元素的挖掘，共同对专业课教材进行二次开发，完成思政知识内容的构建。

身处艺术院校的思政课教师应多向专业课教师学习，不断提升自身的艺术审美能力，探索一条将艺术审美和思政教育相结合的路径，让思政课堂变得更加鲜活，更加具有吸引力。思政课教师应充分挖掘教材中丰富而多样的美学资源，把握原教材所蕴含的艺术审美元素，善于发掘教材内容中体现真实美的内容，在此基础上对教学内容进行优化，并根据艺术专业学生的思维特点及时代发展的客观规律，对教学内容进行优化与创新。在讲解抽象理论的过程中，思政课教师应多用与学生的专业联系较密切的各种事例加以佐证，让学生能够加深对一些思政理论的理解。此外，思政课教师应积极参与学生社团实践活动，在"第二课堂"中了解艺术专业学生的心理特征，以便在思政教学时做到有的放矢。

以云南艺术学院为例，学校积极鼓励专业课教师与思政课教师组建教学团队，共同商讨课程的教学目标、教学内容、教学方法等内容。例如，舞蹈学院课程——云南少数民族代表性民间舞蹈的教师，邀请马克思主义学院参与教学团队，一同开展教研活动。经过多次优化打磨，"显性"的专业知识和"隐形"的思政元素较好地融合在一起，取得了良好的教学效果。该课程以课程思政建设理念为指引，贯彻落实"文化铸魂育人"理念，以学生发展为中心，创新教学方法与手段，构建舞蹈专业特色课程思政体系，寓价值塑造于专业知识传授和能力培养之中，将人才培养与云南少数民族民间舞蹈文化传承、发展、创新相结合，铸牢中华民族共同体意识，筑牢文化自信的基石，增强学生的民族情感、民族文化认同及使命担当，促进学生全面发展，实现课程育人。经过多年建设，逐步形成了"思政＋舞蹈＋育人"的课程教学模式。该课程的授课团队在"第三届全国高校教师教学创新大赛"获课程思政正高组全国一等奖，得到了全国相关领域专家的高度认可。

协同育人是新时代高校开展思想政治教育的必由之路。对于综合艺术院校来说，要实现艺术教育与思政教育的深度融合，提升协同育人的有效度，必须遵循育人与育才相结合、思政课教师与专业课教师相配合、各部门协作的原则，更新教育教学理念，推动教育教学方式方法的改革创新，发挥艺术专业实践性课程较多的优势，将教室里的思政理论讲解与教室外的实践感悟有机结合，建立生动活泼的课程思政教育局面。

三、增强开拓创新精神

创新是第一动力，引领社会发展。历史之所以不断前进，是因为人类一直在尝试着进行创新性实践，并通过这样的实践创造出了推动历史发展的新事物。

（一）增强开拓创新意识是时代发展对教师的要求

当今时代呼唤具有开拓创新精神的教师。当今世界，各国之间的竞争日益凸显为一场人才之争，特别是对创新人才的全面竞争。我国正处于民族复兴的新时代，对创新型人才的需求比以往任何时候都更加迫切，这就要求培养创新型人才。现在，诸如大数据、人工智能等高科技得到了快速发展，并与实体经济进行了深度融合，从而产生了新的业态和新模式，激发了经济的活力，推动了经济的增长。新经济形式的发展，为培养大学生的创造力创造了有利条件。为此，高校教师应把握这一机会，适时、有效地采取切实可行的措施，培养大学生的创新意识与能力。

课程思政的落地实施，呼唤具有开拓创新精神的教师。课程思政是新时代我国教育教学理念的一个新发展，在实施推进的过程中，教师要根据自己所教授课程的特点，根据自己所教授学生的特点，组织思政教学内容，探索教学方式方法。无论培养创新型人才，还是落实好新的教育理念，前提要有一批具有创新开拓精神的教师。面对课程思政这一新的教育理念，教师只有具备创新精神，主动探索实施路径，才能有效推进课程思政建设。

随着社会的发展，教育改革不断深化。要适应教育改革和发展的要求，培养出一批具有创新精神、创新能力的新型人才，就要从根本上改变教育观念，更新教育观念，改革完善教育制度，大力推进素质教育。教师是教育的主体力量，他们的素质与教育质量有着直接的联系。因此，如何在教师队伍中培养创新和开拓精神，是摆在广大教师面前的一项重要课题。在遵循党和国家教育方针政策和教育规律的原则下，提高教师在教育教学过程中的创新能力，是培养高素质人才的首要任务。大学教师的教学创新能力，首先是在教育教学上进行创新，包括创新教育内容、创新教育手段或者创新教育形式，以此来激励学生主动参与课堂，共同产生创新思维。目前，高等教育已由精英教育向大众化迈进，每个人的发展都与国家和民族的命运息息相关。因此，教师必须重视在教育和教学方面的改革，才能更好地为国家和人民提供更多的、有创造力的人才。

（二）教师的创新能力是学校人才培养水平高低的重要体现

教师的创新能力可以看作教师在特定的教育环境中，在一定教育教学理念的指导下，有目的地运用专业知识和技能，开展实践和探索研究，最终形成独创性思维、创造新的教学方法的能力。创新能力强的教师往往能够创造性地解决教育教学实践中遇到的问题和困难，进而提高学校的教学研究水平和人才培养能力。

教师创新意识与能力的培养，离不开科学的教育观念与现代化的教育理念。只有树立科学的教育观，才能从时代发展的高度审视当前教育教学工作中出现的种种问题，并加以解决。丰富的知识是培养创造力的根本。作为一名教师，不仅要具备扎实的专业知识，更要具备深厚的人文素养，广博的学识。只有这样，教师才能更好地适应新时期教育教学的需要，才能更好地提高自身的创新能力。此外，教师还要加强自身的修养，树立崇高的理想，具备高尚的道德品质。只有具备优良的思想道德素质，才能使自己具备健康向上、勇于探索、勇于创新的精神品质。时代在进步，科学技术在进步，教师只有不断地学习，才能适应社会发展和教育发展的要求。现代社会是知识更新的时代，要使教师的知识结构得到更新，就必须使教师的知识结构得到更新。这就要求教师树立终身学习观念，把学习作为自己的精神追求、作为自己的政治使命、作为自己的生活方式。在新的形势下，教师要不断地学习新知识，接受新思想、新观点、新理论，不断提高自己的业务水平和知识素养，唯有如此，才能与时俱进，才能培养出一批具有创新精神和创新能力的新型人才。

在实施课程思政建设背景下，教师要有意识地培养学生学习的主动性、思考的独立性、探究的积极性，为培养学生的创新能力打下良好的基础；也要敢于尝试各种新方法、新技能，拓宽思政元素的传播通道，提升思政知识的吸引力。教师要树立现代化的教学观念，更新教学观念，把这些观念融入教学实践，才能适应新形势下教育改革和发展的要求。在课堂教学过程中，教师不仅要扮演知识的传授者的角色，也要扮演学生学习知识、发展智力、创新能力以及个性培养的引导者和合作者的角色。因此，教师应以课堂为舞台，充分调动学生的积极性，在教学中从学生的实际出发，遵循因材施教、因势利导、循序渐进的原则，同时给学生提供一种自主学习的环境，让学生在自学中学习、在探究中学习，这样既能提高学生的自主学习能力，又能培养学生的创新意识和创新能力。此外，教师也要充分运用现代教学手段，提高教学质量。教师利用现代化的教学手段，如多媒体、录音机、投影仪等，可以将所学的知识内容生动地呈现给学生。它们具有形象直观的特点，既能激发学生的学习兴趣，又能激发学生对新知识、新信息、新技术的渴望，因此教师在教学中要充分运用这些手段来激发学生的学习兴趣，提高他们的学习积极性。

教师在教育教学过程中，要通过自身的实践活动，不断地提高创新能力。这就要求教师勇于实践，不断积累创新的经验，不断提高自己的创新能力。在教学过程中，教师要善于发现、捕捉学生身上的"闪光点"，并适时地给予表扬与鼓励；对于学生遇到的困难，教师应耐心指出错误的原因，使学生在改正错误的过程中不断进步。总之，教师创新能力的培养是一个需要长期努力、长期实践的系统工程。只有在广大教师的共同努力下，教育才能得到全面的发展。

高校应该加大高校教学设施硬件建设和实践创新教学软件的投入力度，

在教师职称评聘、培训进修、科研项目申报、教学质量评价等方面，突出对创新能力的重视。例如，高校应建立科学、合理、公平的激励机制，制定成果评估制度、绩效分配制度、教学管理制度等，以激发教师的创造力；同时，要把创新能力作为对教师业绩进行考核的一个重要指标，并将其作为教职工评优、职称晋升、职务聘任、薪酬分配等方面的主要依据，为教师创新能力的发展营造一个良好的氛围。高校也应加强与社会各界的产学研合作，借助外力，加强实验实训平台和基地建设，改善实验室条件，建立完善的产教融合、校企合作和产学研一体的实践教学体系。此外，高校还应加大专业建设、课程改革和师资培训等方面的资金投入，建立高校与政府、企业和科研院所的协同育人机制，使教师既能教书育人又能参与行业创新，成为具有创新精神的"双师型"教师。

第三节　创新教学方式

高校在实施课程思政建设过程中，要紧紧围绕人才培养目标，坚决贯彻落实人才培养中心地位，以教育教学改革为动力，全面推进本科教学质量提升与教学改革工程，探索建立多样化人才培养模式，不断创新教学方式方法，强化实践和创新能力培养，建立并完善多种课堂紧密结合、符合经济社会发展需求、具有自身特色的多样化人才培养体系，着力培养学生的价值理念、创新意识、实践能力和人文素质。

一、整合多种类教学课堂

在新时代，要开展好课程思政建设，应发挥第一课堂主阵地作用，以及第二课堂和第三课堂的支撑延伸作用，构建课程思政育人全课堂。

（一）充满活力的第一课堂

相对于思想政治理论课来说，专业课的教育作用并不明显，它更多的是一种隐性的教育作用。因此，专业课教师要努力改进自己的教育方式，使专业课的教育作用具有更强的渗透力。"课程思政"的变革，使得专业课教师在课堂上的授课方式从一种单调的方式转变为多种方式，更多地将价值观融入了知识的讲授之中，营造出一种温暖的课堂气氛。充满活力的课堂，常常也是教学效果良好的课堂。如果只是教师讲，学生听，学生的主观能动性是无法完全调动起来的，这样他们的发散思维和独立思考就会受到限制。教师通过启发式的方法，可以提高学生的学习动机，提高他们的理智思维能力和解决问题的能力。教学方式方法的变革和创新，归根结底都要把育人作为终极目标。每个教师都应该按照自己的教育原则，坚持以学生为中心，针对每个人的性格特征进行因材施教，且所有教学工作都要从现实着手，以在实际教学过程中遇到的问题为依据，对症下药，适时地对自己的教学方式进行调整，不能墨守成规，要敢于创新，敢于实践。

文化底蕴深厚的校园也是一个育人课堂。高校的校园文化对于学生的思想政治教育有着不可忽视的推动作用。高校要充分利用校园中的各种育人因素，开展各种教育活动，创造出一个良好的教育氛围，要利用学校的文化活动，把校园里的育人活动扩展到教室之外，体现出大思政育人的观念。大学校园是学生生活的中心，一草一木对学生的发展都起着举足轻重的作用。综合艺术院校在进行校园规划、建设时，要把中华优秀传统文化、革命文化、社会主义先进文化与育人理念结合起来，营造出一种和谐向上的教育氛围，让学校的环境变得更具教育意义。

综合艺术院校的校园文化活动丰富多彩，其中蕴含着大量的育人资源，是课堂育人的有效补充。各教学单位应建立一批艺术实践团体，激发学生艺术活力。校园活动应该将学生牢牢地抓住，对他们所关心的问题做出反应，让他们的思想多样化需要得到充分的解决，对他们的审美能力进行培养，让他们的精神生活变得更加充实，这样才能够在无声无息中将课程思政理念传达出去，充分发挥出校园环境思政育人功能。综合艺术院校要紧跟时代发展，紧盯行业发展趋势，经常举办学术讲座，让学生可以扩展自己的知识体系，拓宽眼界，激励自我，把自己的学业与中国特色社会主义事业紧密结合在一起，同时发挥团委、学生会的作用，在建党、建国等重要时间节点举办纪念活动，让学生铭记历史，并在历史中寻找前进的动力。

（二）天地广阔的第二课堂

社会实践对思想政治教育有显著的影响，早在我国教育体系建设初期，党和国家就强调了实践活动的重要意义，明确提出实践活动关系到学生成长，是人才培养的有效途径。"第二课堂"的实施空间很大，其内容的广度和深度也是传统的课堂无法企及的，要想真正地促进"课程思政"的实施，需要"第二课堂"的社会实践作为支撑。因此，各专业教师要依据人才培养的目标，以理论知识为指导，有针对性地引导学生在课外参加社会政治、经济、文化等方面的教育实践。

综合艺术院校应充分认识到第二课堂在人才培养系统中的重要性，将其作为强化对大学生的思想政治教育和文化素质教育的重要支撑，紧扣立德树人的根本任务，严格按照人才培养规律和青年的身心发展规律，对第二课堂进行资源整合，挖掘第二课堂的育人价值，提高其育人效果，并在校园文化建设、社会实践等方面进行全方位的探索，使学生的思想境界、人文素养、科学素养和实践能力得到全方位的提升，为其今后的职业发展打下坚实的基础。综合艺术院校要把第二课堂融入人才培养体系中，要建立相应的制度来保证第二课堂的建设，要充分调动教师和学生的积极性，科学地制定与之相适应的管理制度，推行"第二课堂成绩单"，构建健全、科学、有效的评价标准，让第二课堂充满活力，充分发挥出第二课堂协同育人的作用。"第二课堂"是对第一课堂的一种补充和加强，教师要自觉地凸显出价值引领的作用，建设"课程思政实践课堂"。把所学习到的知识转化为实践，可以让"课程思政"实现系统化、立体化。丰富多彩的"课程思政"社会实践，打破了传统的封闭育人的尴尬局面，让教学不再局限于传统的、单纯的知识传递，而是以更为丰富的内容和多样的教学形式，让课程思政德育效果大幅提升。

（三）资源丰富的第三课堂

伴随信息网络技术的高速发展，"数字生活"成了新时代大学生的一种新常态。网络这一巨大的"动力"，正深刻地影响着当代青年的思维方式与行动方式。在高校中，"线上课堂"已逐步发展为"第三课堂"，对学生的思想观念起着不可忽视的作用。教育工作者不仅可以把自己的第一课堂转移到互联网上，还可以在互联网上开展内容丰富、形式多样的教学活动。学生不仅可以在互联网上接收到来自教师的讲授，还可以在互联网上积极地获得各种不同的信息，利用互联网的这个平台来开展自己的实际工作，完成自己的学习。第三课堂可以拓展学生知识学习的广度，并将能力实践的范围拓展到更广阔的领域，促进其教育效果的最大化。

第三课堂在大学生的德育工作中起着重要作用。第三课堂要与第一课堂、第二课堂紧密结合，紧紧抓住在意识形态、思想宣传、价值引导、舆论引导等方面的主动权，建立网络思想教育阵地；要研究并创造出一批有态度、有力量、有行动的网络文化产品，积极占据互联网的宣传思想阵地，将正能量的价值观传播学生群体中，拓展互联网的正面舆论场；要以学生为中心，深入了解新时代大学生的兴趣和网络用语，运用易于接受、易于理解和传播的时髦话语系统，与大学生进行积极的交流，使大学生愿意阅读、愿意分享、愿意讨论，从而提升互联网的传播效能和影响力。

第一课堂、第二课堂和第三课堂各具优势、各具特色，要建立三者的联动机制，才能把它们的育人作用都充分发挥出来。首先，要强化顶层设计，对第一课堂、第二课堂和第三课堂的运作机制进行健全和完善，对各种教学活动负责主体的职责进行明确，并对人员、经费、场地等进行保障。其次，要调动专业教师参与第二课堂的积极性，形成全员育人机制；丰富第二课堂内涵和提升第二课堂活动水平，使第二课堂紧紧围绕人才培养方案和培养目标开展活动；在加强高校"第二课堂"的同时，要高度关注网络新媒介这一"第三课堂"，充分理解"第三课堂"对于高校大学生教育领域、教育内容、教育方法的重大作用。坚持在第一课堂、第二课堂与第三课堂之间建立密切的协同关系，将三者之间的协同育人功能充分地发挥出来，力争实现三者之间的互动互融、互补互促。高校要立足自身具体实际，逐渐建立并完善第一课堂、第二课堂与第三课堂深度融合、相辅相成的人才培养模式，建立起三者协同的课堂育人体系，不断提高育人质量。

二、充分利用互联网技术

习近平总书记在全国高校思想政治会议上强调，要运用新媒体新技术使工作活起来，推动思想政治工作传统优势同信息技术高度融合，增强时代感和吸引力。信息技术因其便捷性和高效性，被广泛应用于各个领域。高校开展教教学改革要有这样的信息技术作为支撑。为此，高校应充分运用现代化的信息技术，为课程思政建设建立沟通的平台，促进不同类型的学科之间的合作。

（一）高校要积极倡导课程思政与信息技术的融合

高校要充分发挥信息技术在教学与学习方式改革、扩大教育服务面中的作用，强化信息技术与教学过程的深度融合，推动新的教学方法和手段在教育教学中的应用。例如，加快推进优质网络课程建设，实现各学科优质课程资源共享。同时，大力推广"翻转课堂"等新型教学模式，充分发挥信息技术对教育教学活动的促进作用。此外，要加强教师培训力度，提升他们的信息技术水平。例如，加强教师信息技术运用能力的培训，如组织教学软件应用等方面能力的培训、学习交流活动，鼓励教师参加各级各类信息技术教学技能竞赛，并从各个学科遴选一批教师，参与网络课程研究、开发、应用等方面的培训，提升教师的教学信息化水平。

运用信息技术，加强线上和线下的互动，持续推动"课程思政＋信息技术"育人体系的构建，促进立德树人工作的顺利进行。为此，高校要构建课程思政育人信息服务平台，实现各类思政教学资源的共享利用。不管是哲学社会科学，还是自然科学，都与扎实的理论密不可分，理论是开展一切工作的根本。在这个平台上，既要有马克思主义理论文献等经典思政课资源，还要有各专业各具特色的思政课资源，如先进榜样人物的事迹、优秀作品的赏析等。高校要把全体教学单位、职能部门联合起来，把优质的教学资源集中起来，创建"课程思政"的示范课堂，遴选出具有代表性的教师，丰富"课程思政"的案例。同时，高校要为广大教师搭建一个良好的课程思政交流平台，邀请专家、学者对专业课教师进行辅导交流，加深他们对"课程思政"意义的深刻认识；要加强思政课教师与专业课教师之间的交流，加强对新媒介的应用，充实课堂内外的教育内容与形式，结合各专业同学的思考模式与学科特色，准确掌握学生的思想动态与价值观取向，增强课程思政的针对性与有效性。教师要充分利用"课程思政"的多样性，以专业为导向，以学生为主体，以"基于问题"的互动方式，提高教育教学过程的真实性、生动性和实效性。

基于信息技术的教学资源库包含丰富的图片、视频、课件等，还有教学工具、相关教学游戏等新形态教育资源，为教师提升教学水平提供了坚实的内容和技术基础。然而，在进行信息化课程思政教学资源的设计时，不能一味地寻求新的资源，要以学生的实际情况和他们的学习特征为依据，开发利用各种类型的课程思政教学资源。《高等学校课程思政建设指导纲要》中明确了各类课程的定位与特点，教师可以此为指导，对各类课程中的思想政治教学元素进行挖掘和设计。

（二）依托互联网技术开展校际课程思政建设合作

信息技术得到了越来越多的运用，它对传统的课程思政课堂模式进行了改造，孕育出了新的教学方法与方式，并充分发挥着推动课程思政教学改革的作用。随着信息技术发展，一些新的教学研究的方式方法不断涌现。近年来出现的虚拟教研室便是其中之一。虚拟教研室打破了时空的限制，是推动思政课程教学研究实践不断走向深入的教学组织形式，对于构建"大思政"育人格局，起到了积极的推动作用。具体来说，虚拟教研室打破了学科专业归属、空间地域的限制，组建了一个跨学科、跨校际、动态开放的教学研究团队，其运用互联网＋智慧教育的先进手段，开展线上线下、虚实结合的教学研究活动。教师在进行教育工作的时候，可以对所面临的一般性问题进行研究，通过开拓性、创造性的研讨，提出新的思路和行之有效的解决方法，破解难题、攻克难关，助推教育教学的发展，最终在基层教学组织建设和管理的新思路、新方法、新范式等方面产生影响。

以虚拟教研室为基础的教学研究活动，可以对国内外高等教育先进的教育思想、教学理论进行深入的研究，获取国内外高等教育教学改革的信息，促进各层级教研组对教育教学的总体规划、专业建设、课程实施、教学内容、教学方法、教学手段、教学评价等方面进行研究与探索，提高教学研究的意识，提炼并推广研究成果。经过集体的思考，研究者可以得出新的教学改革结果，并在教学中不断地改进，不断地完善研究结果。虚拟教研室为各高校的深入研讨和深入交流提供了一个高效的平台，进一步促进了各高校之间的互联互通和共建共享。各高校通过在人才培养方案、教学大纲、知识图谱、教学视频、电子课件、习题试题、教学案例、实验项目、实训项目、数据集等教学资源进行合作，最终构建出一个高质量、共享的教学资源库。

以云南艺术学院为例，学校联合吉林艺术学院、内蒙古艺术学院、新疆艺术学院建立了云南省首批虚拟教研室建设试点——"具有中国特色的边疆民族艺术教育教学研究改革虚拟教研室"。该教研室旨在探索边疆民族艺术教育研究的新思路、新方法、新范式，在努力提升人才培养能力的同时，推进各民族间艺术领域的交流，共创中华艺术经典，共建中华民族精神家园，铸牢中华民族共同体意识。教研室由学校的教学管理人员、教师和研究人员组成，成员构成分布均匀、年龄结构合理、建设基础扎实，为边疆民族艺术教育教学研究改革提供了有力的支撑。该教研室下设3个教研组：一是由校领导层组成的"具有中国特色的边疆民族艺术教育教学研究改革规划教研组"；二是由相关职能部门（教务处、科研处、人事处等）组成的"学科专业课程建设教研组"；三是由各学科（艺术学理论、音乐与舞蹈学、戏剧与影视学、美术学、设计学）组成的"分学科专业课程建设教研组"。

本教研室与智慧树网、学堂在线、超星等教学平台在信息技术方面进行深度合作，开展集教研活动，为跨校的教学团队提供便捷的共用资源库、虚拟教研空间的技术支持，组建跨校区、跨区域的课程联盟。教研团队依托教学平台在全国的沉浸式直播互动教室网，既可实现跨校实时教研，又可实现多个教室的跨校实时课堂教学观摩活动，便于进一步提高虚拟教研室的线上线下相结合的教学能力。

教研室以"协同发展、传承创新、彰显特色、争创一流"为指引，紧紧围绕国家和省（区）经济社会发展的重大需求，遵循"文艺培根铸魂"的理念，以培养创新型、复合型、应用型艺术人才为出发点和落脚点，以互联网＋智慧教育为路径，将中国特色高等教育理念贯彻落实到艺术学科门类教学、科研、创作、展演之中，将坚定文化自信与提升人才培养能力相结合，将实现民族艺术教育特色发展和协同发展相结合，拓展"让思政更加艺术，让艺术更加思政"的路径，充分发挥艺术学科的优势特色在提升边疆民族艺术人才的培养质量的同时，积极推进民族文化的传承与创新，促进各区域多民族文化交融。教研室成员广泛开展教育教学研究交流活动，通过跨专业、跨学科、跨校际的开放合作，突破常规边界，利用互联网＋智慧教育的先进手段开展线上线下、虚实结合的教学研究活动，实现了有效的资源共享、互联互通、优势互补。

三、重视学生的具身体验

推动社会主义文化繁荣兴盛是每一个文艺工作者的使命。艺术院校的学生在毕业之后，大部分都会成为文艺工作者。因此，学生在校学习期间，学校和教师要为他们创造为国家和人民服务的机会，使他们形成为社会主义文化繁荣事业而努力学习的自豪感和使命感。具身教学强调让学生通过直接体验、活动的方式获得经验，或通过替代性身体体验的方式活化知识。[①] 在这样的具身教学中，学生使用自己学到的知识为社会服务，不仅可以检验自己的所学所悟，深化学习效果，还可以对自己进行价值观教育，树立起"为人民而艺术""为国家而艺术"的理念。

---

① 李佳宁，刘鹏．融通与生长：具身教学的逻辑旨归 [J]．教育理论与实践，2023，43（25）：52-58.

（一）开展好面向社会的实践活动

"三下乡"活动。开展"三下乡"活动，是引导学生用脚步丈量祖国的山河大地、了解社会发展现状、听取人民呼声的一种有效途径。在活动开展过程中，可以厚植学生的爱国主义精神、为人民服务的责任感。"三下乡"活动有利于激发学生的积极性和主动性，可以有效解决思政教育形式僵化和实效不足的问题。"三下乡"是让学生从发展性的角度来认识和理解当今社会所面临的各种问题，可以使学生对社会有全面、客观的认识。在此基础上，学生才能更好地把握自己和社会的关系，才能把社会的发展和个体的发展联系在一起。学生如果能够长期以这样的思维看待学习、工作中的问题，就会培养出社会责任感。

"三下乡"活动既可以让大学生直面现实生活中存在的问题，又能帮助他们找到解决这些问题的行之有效的途径。比如，云南艺术学院在开展"三下乡"的社会实践时，结合国家战略和云南省推普工作实践，组建"推普助力乡村振兴"社会实践团队，深入乡村开展社会实践活动，引导大学生深入民族地区、农村地区开展语言文化普及活动，帮助当地青壮年劳动力、学前儿童等学习普通话，提升其沟通交流能力，同时引导学生在社会实践中受教育、长才干、做贡献，为推普助力乡村振兴贡献青春力量。此次活动中，团队成员根据"推普"对象精心设计教学内容，开展推普政策学习、理论宣讲、教学互动、经典诵读、红歌同唱等宣传活动，将所学的理论知识与社会实践相结合，不断完善自我，努力做到学以致用。此次活动的专业教学受到了当地干部群众的广泛好评。经过实践，团队成员除了提升了知识运用能力，也增强了为国付出、为民服务的责任感，上了一堂生动的思政教育课。

"美育浸润行动计划"。高校，特别是艺术类高校要积极投入国家的"美育浸润行动计划"，引导学生提升服务社会意识，加强服务社会能力，用自己的专业知识为人民服务。一是成立美育服务团队，在教育主管部门的统筹部署下，为帮扶学校开展美育实践活动提供服务。对于综合艺术院校来说，要尽量组建一支由音乐、舞蹈、美术、设计、戏剧、影视等专业学生组成的院美育实践服务队，专门为对口帮扶学校的美育实践活动提供服务，如举办晚会、艺术才艺比赛等，提升学生的获得感。二是举办"高雅艺术进校园"系列活动，培养被帮扶学校的学生的感知美、鉴赏美的能力，在帮扶中，使学生提高自身的道德品质，提高自身的艺术素养。三是开展一系列艺术采风活动。深入乡村的广袤天地，与当地的自然条件和丰富的文化资源相结合，开展多种形式的审美实践活动，以审美的角度去游览本地的自然风光，参观本地的非物质文化遗产传承基地、文物古迹等，让学生从审美的角度来感受本地文化，从而增强文化自信，厚植爱国情怀。

（二）广泛开展产学合作

产教合作是一种将教育、社会资源进行整合的一种行之有效的方法，为我国的人才培养与发展提供了一种全新的思路与方法，可以对教育和产业的资源进行优化配置，从而达到提升人才培养水平和促进产业发展的目的。高校具有人才培养、科学研究、社会服务、文化传承创新、国际交流合作五大职能，在产学协同育人过程中发挥着重要的作用。在知识经济的时代，企业之间的竞争最终就是高层次的人才之间的竞争，而大学就是向企业直接提供人才的地方。所以，高层次人才的质量和数量对企业的发展有着重要的影响。在协同育人体系中，高校要充分发挥自己的教育资源、教学环境等育人优势，将企业、科研院所的资金支持、项目引导、技术支撑等方面的优势资源进行整合，对人才培养模式、教育教学方法和手段进行创新，对育人路径进行优化，拓宽育人渠道，促进知识成果的产业化，提升人才培养质量。

在企业和高校之间要构建一种平等、尊重、互惠、共享的交流平台，共享他们的经验和问题，交流他们的教学理念，并对他们的人才培养和教育行为进行协商，从而实现知识、技术和人力资源的共享。高校和企业应该构建起一种涵盖人才培养研讨、技术研发、问题讨论、人员培训等内容的合作体系，两者之间的协作达到一个较高的水平。高校应该加强校企合作平台建设，为校企合作项目及校企合作相关科研项目提供经费和人力支持，并对产学合作所需的各种实践配套设施进行完善，从而营造出一个良好的校企合作协同育人氛围。例如，重视"双师型"师资队伍培养，为教师配备实践实训设备，鼓励其参与企业培训学习；注重校企联合技术开发，与企业共建实习基地，为学生的学习实践奠定坚实的基础和保证。

在人才培养规划、专业设置、课程建设、教学改革、教学管理等方面，高校应把思政教育贯穿于整个人才培养的全过程。高校应开设相关的实践性课程，与国家和社会需求相结合，与企业的岗位知识和技能要求相结合，将学科知识与企业的岗位标准相结合，注重对学生的应用型研究能力进行提升，将企业的实际项目引入研究中，对学生的研究能力进行培养，从而使学生的研究水平和解决实际问题的能力都得到提升，并将毕业设计与企业项目相结合，以企业实践资源为依托，让学生在企业中展开毕业设计，进一步深化对市场与行业的认识，为将来就业奠定基础。

（三）开展公益服务项目

高校是人才培养的主要阵地，社会公益的发展离不开高校的积极参与。大学生是未来社会发展的主力军，是受过高等教育的主体，具有较高的专业素质和道德素养。培养大学生的公益素养，有助于大学生树立正确的人生观、价值观，并承担起自己的社会责任与使命。组织大学生实施公益项目，以专业助人、知识助人的方式凸显当代大学生的社会价值，能够强化大学生思想政治教育的实效，提升大学生的思想境界，有利于培养全面发展的人才。公益项目与思想政治教育有着密切的联系和互补性。公益项目为大学生践行社会主义核心价值观提供了一条路径，有助于引导青年学生关注社会热点，关爱弱势群体，培养他们为人民服务、热爱劳动、乐于奉献、善于创造的品质。开展公益活动，让青年学生了解社情民意，为社会大众服务，将学校获得的知识转化为实践成果，不仅满足了大学生服务社会、实现自我价值的愿望，也有利于帮助他们塑造健全的人格。

高校的各类学生社团充分利用自己的专业和技能，积极服务社会，获得了社会各界的广泛认可。例如，2013年成立的"云南艺术学院美丽心灵大学生艺术支教社团"，在学校专业教师的带领下，积极为学校周边的小学开展美育支教服务。支教团队充分发挥综合艺术院校的特色优势，开设了少儿礼仪、少儿武术、少儿瑜伽、演讲与口才、少儿主持、少儿舞蹈、绘画、手工艺、音乐、茶艺、古筝、葫芦丝等多门艺术类课程，将课程送到以农民工子弟和留守儿童为主要生源的呈贡新区五小等学校的课堂。成立以来，该支教团队为周边学校美育水平的提升做出了贡献。同时，社团成员也在这样的公益服务中，锻炼了专业能力，提升了职业素养，净化了思想境界，培养了社会责任意识。

该团队荣登共青团中央基层建设部指导中国青年报社评选的"2022年度全国高校'活力社团'TOP榜"；社团成员支教服务事迹入选"请党放心，强国有我"2021全国大学生"千人千项"网络展示活动；连续两年获云南省社科联项目立项，同时被验收为2021云南省优秀志愿者服务团队。同时，支教项目在全国大学生艺术创意大赛、"互联网+"大学生创新创业大赛、"挑战杯"大学生创业计划竞赛等中获得了多个国家级、省级奖项。

第七章
建立课程思政保障机制

《高等学校课程思政建设指导纲要》指出："各高校要建立党委统一领导、党政齐抓共管、教务部门牵头抓总、相关部门联动、院系落实推进、自身特色鲜明的课程思政建设工作格局。"课程思政建设是一项系统工程，需要建立全方位的保障措施方可有效推进落实。高校党委、各职能部门、各教学单位、各专业的授课教师都要参与其中，形成一个全员参与、全校发力的协同育人工作局面。

第一节　科学构建顶层设计

高校要实现课程思政建设的目标，首先要做好顶层设计工作。高校党委在课程思政建设中发挥着重要的领导核心作用，在协同育人机制的构建与完善上，掌握着建设的总体方向，应当基于全面系统的思考，逐渐推进顶层设计的建立与完善，从全局的角度对各个方面的要素进行统筹，构建更为科学合理的领导机制、评价机制、保障机制。

一、坚持党委领导

（一）明确主体责任

习近平总书记在全国高校思想政治工作会议上强调，"高校党委对学校工作实行全面领导"。在办学过程中，高校党委的主体地位是毋庸置疑的，党和国家在政策落实、决策制定、方向把握等方面，明确了高校党委的主体责任。高校党委要始终清晰地认识到自身的职责，切实加强对学校课程思政建设的领导，进一步落实责任主体，完善工作机制，加强督查检查，确保自上而下、全方位地开展建设工作。一是要坚持正确的政治方向。这就需要高校党委对自己所承担的政治任务和历史使命有一个清晰的认识，关注为谁办大学、办一个什么样的大学、如何办好大学这个基本问题，从为党的事业发展的视角着眼，为党培养合格的、优秀的建设者。二是要强化责任意识。高校党委要充分发挥其核心领导作用，放眼大局，确保学校的思想政治工作能够正常地进行，推动教育改革创新，从而更好地解决教育改革中遇到的问题。

高校党委是立德树人的责任主体，要统领全局，把好方向，以身作则，落实课程思政建设任务，贯彻"三全育人""协同育人"等育人理念。制度的生命在于执行，高校党委要坚持马克思主义指导思想，贯彻党和国家的决策部署，树立课程思政理念，引导学校各部门、各教学单位、全体教职工开展课程思政建设，同时要立足学校自身实际，发挥自己的学科专业优势，在以专业课程推动育人工作的实践中做好宏观指导，与全校教师共同推动"课程思政"建设。高校党委应在认真领会党和国家关于课程思政建设的相关政策文件的基础上，科学谋划课程思政顶层设计，全面规划学校推进课程思政建设的时间表与路线图。与此同时，自身也要积极发挥表率作用，增强理论自信，深入学院、系部，为师生上党课，强化自身的示范和引导，从自身的道德修养和品德行为方面来进行教育，起到表率和示范的效果。此外，高校党委要走入教师的课堂，与他们共同探讨课程思政建设的路径与方法，将思政育人全面融入高校育人工作体系，牢牢把握课程思政育人工作，更好地提高大学生的思政素养。

首先，要找到思政育人的"源头"。高校在制定课程思政建设规划时，要坚决贯彻党和国家关于立德树人的政策文件，要以习近平总书记关于教育的重要论述为指引，深入贯彻全国教育大会精神，坚决落实中共中央办公厅、国务院办公厅的《关于深化新时代学校思想政治理论课改革创新的若干意见》《高等学校课程思政建设指导纲要》等主要文件精神，确保"源头清澈"。其次，要善于从兄弟院校中引入"清泉"。它山之石，可以攻玉。当前，全国各高校已掀起课程思政建设的高潮，部分高校的好经验、好做法可以为学校的建设工作提供助力。随着信息技术的发展，在各类在线课程平台、微信公众号、高校官网，以及新华网等都可收集很多课程思政教学的课程和案例，广大教师可开展自主学习，不断引进"泉水"。最后，要找准学校自身的"井眼"。立足学校所在地域的优势，总结学校在学科建设、专业建设、课程建设方面的特色和亮点，在充分考虑教育教学规律的前提下，深挖资源，为育人的知识"蓄水池"不断注入新鲜活力。

（二）强化党委领导

高等教育事业的发展与壮大离不开中国共产党的坚强领导，高校在开展课程思政建设的过程中，必须始终坚持党的领导。高校党委要站在事关意识形态阵地能否坚守、党的事业能否薪火相传的战略高度，来看待课程思政建设的战略意义。高校党委要切实承担起课程思政的建设任务，保证这一教育理念可以在高校党委成员中内化于心、外化于行。高校党委要用党的创新理论的引领建设，强化对各级党组织的指导，要始终坚持自己在育人育才方面的领导核心地位，深刻认识到建立课程思政与思政课程协同育人体系对立德树人事业的重要性，强化组织领导和统筹协调。高校党委应该在思想理念方面上对课程思政体系的建设进行领导，全面地将我党对教育事业发展的大政方针贯彻执行好。

无论是校党委书记，还是党员教师，都要积极参加课程思政体系的构建，积极开展课程研讨，积极地将上级的政策精神贯彻到执行。要强化对课程思政领导组织体系的建设，对各个部门在此项工作中的权责进行明确，让每个人都能对课程思政育人的重要价值有一个清晰的认知。要构建完善的党组织联动工作机制，充分发挥基层党员的示范引领作用。课程思政建设的顺利开展，要求高校各部门共同参与，共同协作，共同推进"三全育人"的目标。高校党委要充分调动党委组织部、党委宣传部、学生工处、教务处、研究生处、校团委、课程中心等各职能部门的积极性，让各个部门和各教学单位的教职工都加入课程思政的建设中。另外，高校党委要根据各个职能部门的职责进行统筹部署，让每个职能部门都认识到"课程思政"的重要性，既要严格履行自己的职能，又要注重与其他部门的配合，实现各职能部门和教学单位齐头并进，共同育人，创造协同育人效应。

（三）设立管理和研究机构

为保证课程思政建设落地、落实，高校应成立"课程思政建设工作领导小组"和"课程思政教学研究中心"，分别负责课程思政建设的推进落实和研究工作。建立由高校党委书记和校长任组长，其他分管教学工作和思想政治教育工作的校领导任副组长的课程思政建设领导小组，对学校课程思政协同育人工作进行整体统筹。学校组织部、宣传部、教务处、人事处、学生处等各相关部门要认真履行各自的职责，把立德树人这一基本工作落到实处，主动承担起教育学生的责任。此外，高校也要加强对课程思政教学研究的重视，提供足够的资金和项目的支持，来激励教师将更多的时间和精力放在课程思政的建设上。在课程思政建设中，马克思主义学院的作用要进一步强化，发挥思想政治工作的主阵地作用，从而为课程思政与思政课程协同育人提供可靠的人才保障、学术保障和有效指导。其他的各个二级学院也要积极地加入进来。每个二级学院都是贯彻实施课程思政与思政课程协同育人的最直接的主体，要根据自身的专业特色和优点，来构建一系列优质的课程，让学校教师的参与性、积极性和创造性得到最大限度地提高，让专业课教师的使命感和责任感得到真正的加强。

成立课程思政教学研究中心，科学地规划、设计和指导学校的协同育人工作，并不断地改进和优化本校的协同育人方案，为学校推动课程思政的教学改革提供理论支撑，为学校课程思政建设提供决策支撑，为工作的顺利进行提供全方位的保证课程思政教学。研究中心要大力探索学校课程思政工作体系、教学体系、内容体系和评价体系等机制，把课程思政建设贯穿教育教学全过程；注重资源积累，选树一批课程思政示范课程，开发覆盖所有学科专业的课程思政教学资源库，推进优质资源的共建共享；注重师资培训，培养一批课程思政教学名师和教学团队，优化教师队伍激励机制，创新课程思政教学理念与方法；注重经验总结，探索形成具有本校特色的课程思政工作模式，推进学校各类课程与思政课程同向同行，全力培养德智体美劳全面发展的社会主义建设者和接班人。

（四）激发教学单位活力

各教学单位是课程思政的实施主体，课程思政的实施成效，依赖于各教学单位的积极付出。各教学单位在推动"课程思政"的过程中，要明确自己的责任，结合自己学院的特点和优势，找准本学院实施课程思政的路径和切入点，把思政要素纳入自己的教学内容，探索自己学院特有的课程思政模式。与此同时，各教学单位要持续提高自己的专业素质和思想政治理论水平，遴选出对学生有较强思想政治教育意义的教学内容和生动的案例，并对其进行推广交流，让教学变得有温度、有质量，让教学更好地起到课程育人的效果。高校基层教工党组织要在高校内部进行经常性和不经常性的沟通和协作，相互学习、相互交流、相互借鉴，共同探索课程思政建设中迫切需要解决的问题，研究解决问题的办法，群策群力，始终以新的思路和新的方法来引导教师开展课程思政建设。各教学单位要组织各专业在认真、深入开展社会调研基础上，结合经济社会文化艺术发展对人才在思想政治素质、知识水平和能力水平方面的要求，遵循艺术教育规律，及时总结学校长期以来的专业人才培养经验，科学确定专业培养目标，明确本专业主要是面向什么产业、领域、行业、岗位等培养人才，培养什么类型和层次的人才，突出人才培养针对性。

各专业要以学校的总体部署为指导，结合学校人才培养总目标和本专业培养目标，专业人才需求的社会调查，专业的办学传统、特色和现实条件，制定符合自身实际的人才培养方案。各专业人才培养方案从价值观、知识结构、能力水平、素养要求等维度制定出具体、可测的规格和要求，明确学生须具备的思想政治素养、掌握的主要知识、主要能力，对毕业环节和实践教学环节提出明确要求，以支撑专业培养目标实现。教学工作以学生为主体，尊重学生的艺术个性，在不同专业的学生学习中，提倡根据教学条件，积极推行工作室制、带班制、教学小组制等多种教学组织形式和学生学习方式。要不断优化课程结构，缩减必修课，增加选修课，精选教学内容、改革人才培养模式和教学模式，鼓励学生艺术个性的发展，让学生成为课堂的主人。推进网络辅助教学平台建设与利用，拓展师生交互空间，促进学生自主、合作和探究式学习。各专业培养标准与要求要体现课程思政要求、社会需要，以及各学科专业发展趋势，同时考虑本校学生实际，设计科学合理，能够为人才培养提供强有力依据。

二、注重整体布局

课程思政建设需要协同校内外各种教育力量，是一项系统性育人工程。要科学整合系统内部的所有育人要素，必须对育人的主客观环境有清晰的认识，从大处着眼、小处着手，从学校长远发展的战略高度对课程思政建设进行整体布局规划。

（一）以构建大思政育人格局为基础

习近平总书记在全国高校思想政治工作会议上指出："要坚持把立德树人作为中心环节，把思想政治工作贯穿教育教学全过程，实现全程育人、全方位育人，努力开创我国高等教育事业发展新局面。"2017年12月，教育部党组印发了《高校思想政治工作质量提升工程实施纲要》，提出要"以立德树人为根本，以理想信念教育为核心，以社会主义核心价值观为引领，以全面提高人才培养能力为关键，强化基础、突出重点、建立规范、落实责任，一体化构建内容完善、标准健全、运行科学、保障有力、成效显著的高校思想政治工作质量体系，形成全员全过程全方位育人格局"。该文件还提出了构建"十大育人体系"的基本任务，并明确了实施内容和方法，为建设"大思政"育人格局提供了路径指导。

积极谋划并建设"大思政"育人格局，是新时期对大学思想政治工作提出的新课题，但在实践中，"大思政"育人格局还面临多方面的挑战。综合艺术院校应积极与地域发展相结合，挖掘和利用地域资源，以"课程思政"为基本导向，构筑"大思政"教育的主阵地。"大思政"育人格局的构建，将融合思想理念、育人资源、机制体制等方面，为课程思政建设的实施提供强大的支撑。事物并不是部分的简单聚合，是内部诸要素之间的有组织、有规则的系统性整合。"大思政"育人格局是从总体规划的角度，集合蕴含在教育教学工作每一个环节的育人要素，明确各个主体的工作责任，设计总体建设框架。它解决了育人要素碎片化的问题，实现了各部门在育人工作中"各司其职"的基础上的相互协同。具体说是既要分工明确，也要破除部门、学院之间的界限感，通过加强沟通交流，互通经验，达到系统性整合的目的。系统性整合所带来的好处就是，提升了各种资源的利用率和育人工作的效率，进而提升了各个育人单元的工作水平，实现了整体和部分的相互促进、相互影响。"大思政"育人格局是由各种具有思想政治教育作用的要素所构成的一种育人系统的总体形式。从实质上看，它是对高校德育工作体制、德育工作生态、德育工作运行机制进行系统性整合，是整体性提升的现实需要；是对思想政治教育系统思维和整体观念在实践中的总结，它表现为主体的丰富性、形式的多样化、育人场域的广泛性。

综合艺术院校在对课程思政建设进行顶层设计时，要服从于"大思政"这个大逻辑，充分考虑该如何立足"大思政"育人格局，使用系统思维，对各类因素进行科学的协调整合，使课程思政建设各要素发挥"1+1>2"的效果。要做到服从于"大思政"这个大逻辑，就必须坚持社会主义办学方向，始终坚持习近平新时代中国特色社会主义思想的指导地位，立足新时代的发展实际和社会发展需求，确定学校的发展定位和人才培养目标。"大思政"

强调全员、全过程、全方位育人，因此综合艺术院校实施课程思政建设要统筹协调全校的教学资源，形成全体人员协同、全部资源合理分配、所有要素激活的育人新局面。"大思政"理念体现在课程教学中，就是要在"思政课"这一"孤岛"的周边建立"桥梁"，把思政课程与其他课程建设成为一个相互协调、相互支持的"群岛"，源源不断地为高校人才培养输送精神养分。

（二）以构建整体性制度体系为保障

课程思政建设是一个系统和长期的工程，是一次具有开创性、涉及面广、参与人数众多、具有挑战性的教育教学探索。如果没有一套科学的、有序的、有效的引导机制，大学的教育目标是难以实现的。因为大学独有的管理资源是不能分开的，为了减少管理成本，减少协同连接的环节，需要强化顶层设计，做好整体规划，建立和完善相关的机构和职能，科学地建立起包含指导机制、管理机制和协同工作机制的制度体系。

一是要研究制定课程思政教学指导性文件。立足实际，制定学校的课程思政建设规划，梳理课程思政建设的相关要求，与各教学单位共同研究制定课程思政教学指南，将其作为规范课程思政教学活动的重要工具。指南可包括课程思政教学内容、教学方法、教学评价等方面的具体指导方案，明确课程思政教学的目标、内容、方法、评价等方面，确保课程思政教学的科学性、系统性和规范性，为教师开展课程思政教学活动提供具体指导和支持。

二是要研究制定开展课程思政建设的具体规范文件。该类文件可对教学目标、教学内容、教学方法等做出一些概括性、示范性引导，制定有利于落实课程思政建设的教学大纲，明确课程思政教学的内容、方法、评价等方面，确保课程思政教学的科学性、系统性和规范性，确保总体方向正确。除原则性问题外，其他方面不宜规定得过细，以免影响教师的积极性和创造性。在教学目标方面，明确课程思政教学的目标，包括知识目标、能力目标、情感目标等，确保课程思政教学的方向和目标明确。在教学内容方面，根据课程思政教学的目标，确定课程思政教学内容，包括政治理论、哲学思想、社会思潮、文化素养等方面的教学内容。在教学方法方面，根据课程思政教学内容的特点和学生的认知特点，鼓励教师使用多种教学方法，如讲授法、讨论法、案例分析法、互动式教学法等。

三是要研究制定课程思政教学评价体系。课程思政教学评价体系是评价课程思政教学质量和效果的重要手段，它包括评价指标、评价方法、评价标准等方面的具体规定，为课程思政教学评价提供规范和依据。构建课程思政教学评价体系是高校开展课程思政建设的重要环节。高校要根据课程思政教学的目标和内容，确定评价指标，包括知识水平、能力水平、情感态度等方面的指标；根据评价指标，制定相应的评价标准，包括评分标准、评判标准等；在确定评价指标和评价标准的基础上，选择适合的评价方法，包括考试、作业、实验、论文等方式；在实际的教学过程中，要注重收集评价数据和评价结果，为教师后续的课程思政教学提供参考。

建立一套完整的制度体系，是高校开展课程思政建设的必要条件。制度体系要尽可能完善，既要体现党和国家关于课程思政建设的重要文件精神，也要体现学校自身的学科专业特点，还要具备很强的指导性和可操作性。这个体系由课程思政教学大纲、课程思政课程教学评价体系、课程思政教学资源库以及课程思政的教学评价机制等组成。这一体系的建立与完善，将为课程思政工作提供强有力的支撑与保证，对提高人才培养质量具有重要意义。制度体系的建设不是一次性的工作，应该随着课程思政教学的不断发展和完善，不断进行修订和完善。

（三）以营造全方位育人氛围为依托

高校党政职能部门要积极地参加思政课程的建设，给予专业的引导，要以服务教学、服务教师、服务学生为宗旨，结合自身工作职责和分工，通力合作，采取各种方式加强对教学工作的服务，通过服务参与育人工作。教务部门除保障教学有效运行，为师生提供经常性的优质服务外，要积极提供课程思政建设指导，鼓励教师将课程思政建设中的问题弄清楚，并对其进行进一步的规划和调整，以此来对课程思政建设的内容进行优化；科研部门通过政策引导，鼓励教师通过科研创作立项，强化教学与科研互动，提升专业水准反哺课程思政建设；学工部门做好学生教育管理工作，校团委积极组织丰富多彩的第二课堂活动，服务学生成长、成才；资产管理部门不断完善全校教学仪器设备和设施的监督、管理，努力提升教学资源的使用效益；财务部门积极筹措经费，增加各类教学专项投入；后勤部门在为教学单位提供各方面后勤保障服务的同时，充分利用节假日和假期改善学校的教学环境。最终，营造全方位服务教学的良好氛围。

高校要积极营造勤奋创新的校园文化氛围。例如，经常请国内知名专家学者为学校师生做报告或进行专题讲座，定期举办艺术实践课程阶段汇报展演活动，举办系列"毕业音乐会""毕业美展""毕业设计展""毕业戏剧展演""毕业舞蹈展演"等艺术实践活动，不断丰富校园文化内容和形式，用艺术实践成果检验教学质量，浸润学生的心灵；建立、完善管弦乐队、民乐团、合唱团、舞蹈团、剧社等学生艺术社团，积极建设校园官微、官网等新媒体宣传载体和学报、校报、学生活动简报等传统信息载体，鼓励独创性、原创性艺术实践活动的开展；积极承担和参与社会的相关艺术创作和艺术展演，使学生在实践实训和服务社会过程中提升专业水平及创作实践能力，塑造学生的精神世界。

（四）以构建强有力的保障为支撑

开展课程思政建设离不开学校、社会和政府的有力支持，要充分调动各方资源，凝聚各方力量，为新时代立德树人目标的实现提供保障。首先，要给予必要的经费支持。课程思政建设工作的开展离不开经费保障。近年来，课程思政建设得到教育主管部门和高校的重视，为课程思政示范课程、教改项目、课程思政研究中心等设立了专项的建设经费，提供了有针对性的支持。在此基础上，高校还要加大对重点项目的支持力度，为教师培训、专家讲座、校级项目遴选培育，以及资源平台建设等给予一定的经费支持，为教师开展改革研究工作提供必要条件。其次，要提供坚实的技术保障。在当前的形势下，随着信息技术在教育中的广泛运用，课程思政建设也依赖于信息技术的支持。因此，高校要加强智慧教育建设，为师生提供丰富的数字资源，构建课程思政资源共享平台。教师既可利用线上平台查阅资料、开展教学活动，也能在平台上开展教学交流活动，展示自己的教学经验和先进案例，实现信息共享，资源共用，提升自身教学能力。

课程思政工作是一个系统性和长期性的工程，而要建立一个同向同行的课程思政教学体系，高校既要对教学内容进行统筹，又要注意各部门之间的交流与配合。高校要从全局出发，对其进行全面的规划，做好顶层设计，在此基础上，建立起上下连接、左右贯通的多层次协同管理体制，通过统筹规划，合理布局，提高思政教育的整体育人成效。

第二节　建立健全评价体系

综合艺术院校应高度重视课程思政教学评价体系的建设，制定各教学环节质量标准和相关教学规章制度，形成以教学质量监控、评估和反馈为重点的教学质量保障体系，使教学、监控及持续改进形成一个循环闭合的流程，确保课程思政建设得到常态化、全方位、全过程的保障与监控，全面地保障育人质量。构建课程思政教学评价体系应该随着课程思政教学的不断发展和完善，不断进行修订和完善。同时，构建课程思政教学评价体系也需要考虑到高校的实际情况和教学需求，确保评价体系的实用性和可操作性。

一、课程思政教学评价的原则

课程思政教学评价在课程思政建设过程中，可以起到为教师"诊断把脉"的作用，为教师改进教学方式方法提供指导，是提升课程思政建设质量的重要环节。评价结果可以帮助教师发现教学中存在的问题和不足，及时进行改进，提高教学质量；评价结果可以为教师提供反馈和指导，帮助教师不断提高自己的教学水平和能力，从而确保教育质量的稳定和提高；评价结果可以为学校提供参考和指导，帮助学校制定发展战略和规划，推动学校的发展；评价结果可以为学生提供反馈和建议，帮助学生更好地了解自己的学习情况，提高学生满意度。在全面推进课程思政建设的过程中，综合艺术院校要根据自身的特色建立评价体系，为课程思政建设的持续改进提供前提条件。在建立评价体系的过程中，为保证评价能发挥应用的作用，要遵守以下原则。

（一）客观公正原则

客观公正是指评价过程中应该尽可能不受主观因素的干扰，评价结果应该公正、客观、无偏见。客观公正是开展课程思政成效评价首要的，也是基本的要求。在评价过程中要做到客观公正，首先要保证评价标准的客观性，即各项标准要基于教育理论、教学规律和客观分析，做到严谨周密。

在建立评价体系时，要建立量化评价，通过数量化分析课程思政要素，形成一个标准的评价尺度，杜绝随意性。课程思政强调以思政课程以外的其他课程为育人的重要渠道，发掘课程中蕴含的思政要素。在评价时，要做到"因才施策"，根据不同学科、不同专业、不同课程的特点，采用不同的评价方法，不搞"一刀切""一锅炖"。评价人员应以教师真实的教学效果为基础，以客观公正的态度来开展评价工作，尽量消除个人情感、喜好、专业背景对评价的影响，客观公正地进行评价。

（二）过程性原则

过程性原则是指评价指标应当聚焦师生参与的教学过程、学生的价值塑造过程，坚持以生为本理念，针对教学过程设置具体的评价指标，使教学评价成为提升教学质量的重要手段。在课程思政教学评价中，评价人员要通过对教育教学的全过程进行评估，来检验教学目标的达成情况。相较于传统的终结性评估，过程性评估更多地将注意力集中在对教师教学进程和学生学习过程的评估上。它能让教师和学生发现自己在教学活动中存在的问题与缺点，并能对其进行适时的改进，从而使教学质量得到提升。教师要将课程思政教育内化于学生的世界观、人生观和价值观之中，必须在教学过程中综合运用多种教学方式方法和专业知识，依据自己教授的课程的特点，不断拓展新的课程思政教学思路，积累新的教学经验，逐步构建起一个课程思政教学体系。课程思政强调要深入挖掘课程思政元素，通过课堂教学这个"主渠道"，将其有机融入课程的教学之中，以达到"润物细无声"的效果。因此，在对课程思政教学进行评价时，要注重对教学过程的分析。总之，对课程思政教学的评价应做到全过程评价，既要从专业人才培养方案、课程教学大纲、教案、教学实施等方面进行全面评价，也要从课堂教学、实践、实训等方面进行全程评价。

（三）发展性原则

发展性原则是指随着经济社会的发展变化、教育发展的不同阶段，适时地优化改进教学评价指标，发现新问题，发现新办法，推动课程思政持续发展。事物总是处于不停的发展变化之中，构建课程思政教学评价体系要做到与时俱进。综合艺术院校要根据党和国家对教育教学的要求、高等教育发展形势的变化、学校自身的发展特点与实际等对成效评价体系不断进行优化和调整。发展性评价强调的是促进学生持续发展，通过对学生每个阶段的发展做出价值评判，及时发现学生在学习中出现的问题，促使他们不断地进行总结和改进，更新自我认识，以达到自我完善的目的。课程思政建设的目标在于对学生进行价值塑造，以潜隐的方式对学生开展思政教育，贯彻落实立德树人根本任务。教师在实施教育教学过程中，要把握住适时、适度、适量的原则，做到有机融合，杜绝生搬硬套，通过专业知识与思政教育元素的有效融合，使学生在学习中实现道德、品质的提升。

（四）可操作性原则

课程思政教学评价应该具有可操作性，评价结果应该具有实际意义，能够为教学改进提供有效参考。综合艺术院校在建立课程思政教学评价体系时，要形成一套可实施、可推进的工作机制，制定系统的、可量化的、全面的评价指标。评价要与已经在实施的教学质量监控体系相融合，避免重复、繁杂、模糊，做到必要、简单、清晰。

二、课程思政教学评价体系的建立

推动课程思政建设走向深入，提升其建设成效，实现各类课程与思政课程同向同行，是高校落实立德树人根本任务的重要路径，是培养德智体美劳全面发展的社会主义建设者和接班人的创新举措。随着社会经济的发展，教育评估的要求也越来越多样化，社会公共服务的需要以及个人的个性化要求越来越高，对教学评价的要求也越来越多样化，表现出多种价值内涵。科学合理的教学评估可以指导教育活动朝着期望的目的前进，可以通过反馈来发现教学中的缺点，以此来提高教学质量，还可以推动教师和学生等参与教学活动。课程思政建设成效如何，教师在教育教学活动中是否落实，落实的情况怎么样，不可凭空得出结论，要基于系统科学的评价体系，通过评价指标对成效进行量化。

（一）建立科学全面的评价标准

科学先进的评价理念是成效评价目标得以实现的前提，要遵循"学生中心、产出导向、持续改进"的教育教学理念，研究制定课程思政教学评价体系。要想让评价体系与课程思政教学的特征相适应，教学管理者要进行系统的调查研究，通过阅读有关的文献资料，对教学评价指标的基础维度进行界定，从教学目标、教学内容、教学方法和学生行为等层面对评价指标进行细化，从而形成一个全方位的、自上而下的全过程评价指标体系。课程思政教学评价标准应涵盖课程思政建设诸要素：既有针对教学内容的评价，也有针对教学方式方法的评价；既有对教学单位的评价，也有对职能部门的评价；既有形成性评价，也有诊断性评价。

课程思政教学评价要聚焦于课程本身，以是否体现习近平新时代中国特色社会主义思想为首要指标，确保政治方向的正确性；在此基础上，从社会主义核心价值观、职业道德、习惯培养等方面对其进行综合评价。对课程教学进行评价时，应以教学大纲为主要指标，并依据目标的多元化与明晰性，评价课程思政对学生知识能力、价值观的培养作用，为教学活动提供明确的指引。在评价教学内容时，应当覆盖课程思政的目标、材料、实施等维度，从课程思政目标的可实现与可评价的范围、学情的掌握、挖掘与提炼课程思政元素的科学性、课程思政内容的供给是否符合学生需求、课程思政的组织形式是否合理、课程思政实施的途径与方法的科学性等方面进行全方位规定。其中，要将教学目标达成程度作为成效评价的基本标准。

要注重对教师的引导与激励。在课程思政建设过程中，学校履行评价职责的机构要通过听课、看课、评课来评价教师的教学能力，要将课程思政工作的成效，与职称评定等工作有机地联系起来，体现在对教师工作绩效的考核之中。在课程思政建设中，教师要在一定的思想政治意识指导下，研究思政教育元素，强化学生的思想政治教育，把课程思政专业研究与实施成效作为一项重要指标。评价的结果不仅能让教师知晓自己的教学状况，而且能给教师带来正向激励。在课程思政建设过程中，教师要以自身行动完成的成果为依据，对成果和目标进行评价，并不断缩小与目标之间的差距，不断地改进。在持续改进的过程中，教师会因为不断进步而得到激励，以更加饱满的热情投入教学工作。同时，要表彰与奖励取得显著成绩的教师，以此来激励教师开展更深层次的研究。

要做到定性评价与定量评价相结合。成效评价是了解课程思政建设各个环节的进展情况，并对各个环节进行评价分析，及时掌握课程思政建设的现状及存在的问题，以此来诊断课程思政建设的成效。课程思政建设涵盖范围非常广泛，并且处于持续发展之中，所以，构建课程思政教学评估指标，能够正确判断课程思政建设实施过程中出现的问题与原因，并提出相应的应对措施，及时调整改进。在这一过程中，要处理好定性评价与定量评价的关系问题。目前，以定量评价为核心的教学评价方法，因其具有可操作性强的优势，已经成为研究教学活动中各变量间关系的有效手段。然而，在实际操作过程中，存在着片面追求量化指标的绝对性，过于关注学生出勤率、及格率、优秀率等量化指标的问题。尤其是在评价学生的评价指标上，教学评价过于注重定量指标，对指标的划分过于烦琐，难以把握其有效性和实用性。定性评价是教育评价的重要内容，具有较强的理论性和可操作性。但是，由于受到多种因素的限制，在实践过程中，人们往往会根据自己的主观感受，如经验、情绪等来进行评价。这种评价取向具有较强的主观性，影响了评价的客观性。

科学完善的评价指标能够将课程思政教学的成效真实有效地反映出来，无论是行政管理者还是教师，都可以通过反馈信息，了解具体情况，为学校进一步完善课程思政建设提供参考。构建课程思政教学评价体系，能够为后续的实施提供参考，使管理者与教师能够依据相关的标准，对自身的行为是否达到了预期的目标进行判断，从而有利于持续改进。

（二）建立较为全面的评价子系统

课程思政是一项涉及高校各个部门、各个领域的工作，因此，要通过对教学目标的分解，实施分层评价，做到公正、合理、可行。学校领导要同相关职能部门和教学单位签订目标责任书，明确组织领导、职责分工等，使制度部门和教职工都能自觉地参与课程思政建设。为确保课程思政建设质量的不断提升，高校应根据办学定位和人才培养目标，围绕课堂教学、实验教学、实习实训、考试考核、毕业设计等各主要教学环节不断完善评价标准，建立涵盖教育教学全过程、较为全面的评价子系统。例如，以教务处、学生工作部（处）以及各教学单位为主体，建立对日常教学、学生学习、教学档案等教学实施组织、管理和维护的教学过程管理系统；以教务处、学生工作部（处）、教学督导督察委员会以及各教学单位等为主体，建立对教学运行的实际效果进行定期、专项、随机检查的监督检查系统；以教学督导督察委员会、党政领导干部、学生信息员等为主体，建立对教学信息收集、整理、分析与反馈的信息反馈系统；以教学督导督察委员会、专家组等为主体，建立对教师、课程、专业、院系等教学要素进行评审的系统；以教务处、学生工作部（处）、教学督导督察委员会等为主体，建立对存在的问题与不足进行干预、整改的质量改进系统。

（三）合理运用成效评价结果

建立全方位评价反馈机制，充分发挥信息反馈调控机制与信息反馈团队的积极作用。为了完善课程思政教学评价反馈调节机制，高校要让各部门、教师和学生密切配合，畅通信息传递渠道，畅通信息反馈渠道，充分发挥民主的作用，创建一个民主的信息反馈环境，充分调动评价主体的积极性。通过教学督导、领导干部听课、同行专家听课、学生评教、毕业生信息反馈等途径收集、统计和分析教学质量信息，并及时进行信息反馈。教学质量信息反馈对象覆盖本科教学各职能部门和相关领导，反馈内容涵盖本科教育教学各环节和各要素，反馈途径包括即时反馈、公示公开、重点约谈等。通过有效运行的信息反馈系统，为学校教学顶层设计、资源配置和师资保障等方面提供下一步教学决策的支持依据。

评价结果的反馈运用是提升课程思政教学质量的一个重要推进力。对于综合艺术院校来说，要尊重艺术专业教学规律、艺术类高校教师群体的个性特征及艺术院校个性化管理需求，充分运用评价结果，提升课程思政建设质量。同时，综合艺术院校要针对艺术类专业特点，发挥专家教授及各类专家委员会的作用，设计出符合各专业实际的分类指导、分类评价、分类管理的成效评价、管理与保障模式，努力由学校自上而下的教学评价，逐步转变为各专业、各课程自下而上的自我评价，使成效评价和反馈形成常态，发挥应有的作用。对于综合艺术院校的教师来说，其大多是高层次艺术人才，具有深厚的文化素养、理论知识及较强的能力素质，善于创新，思维活跃，不拘一格，个性鲜明，也应要积极运用评价结果，提升自身教学能力，从而提升课程思政工作成效。

参考文献

[1] 习近平谈治国理政：第一卷 [M].北京：外文出版社，2014.

[2] 习近平谈治国理政：第二卷 [M].北京：外文出版社，2017.

[3] 习近平谈治国理政：第三卷 [M].北京：外文出版社，2020.

[4] 李梁，王金伟，等.文化自信与价值观自信 [M].上海：上海大学出版社，2017.

[5] 粟国康.思想政治教育功能研究 [M].北京：中国社会科学出版社，2019.

[6] 陈燕.思想政治教育社会治理功能研究 [M].北京：中央编译出版社，2019.

[7] 吴潜涛.思想政治教育教学与研究 [M].北京：中国人民大学出版社，2018.

[8] 隋宁.思想政治教育先在结构研究 [M].北京：人民出版社，2015.

[9] 梁素清.青年美育教程 [M].贵州：贵州教育出版社，1993.

[10] 伍蠡甫，胡经之.西方文艺理论名著选编：上卷 [M].北京：北京大学出版社，1985.

[11] 王易.传统文化与思想政治教育创新 [M].北京：中国人民大学出版社，2018.

[12] 冯刚，王树荫.思想政治教育研究热点年度发布：2017 年 [M].北京：团结出版社，2018.

[13] 张耀灿，郑永廷，吴潜涛，等.现代思想政治教育学 [M].北京：人民出版社，2006.

[14] 徐志远.现代思想政治教育学范畴研究 [M].北京：人民出版社，2009.

[15] 王学俭.现代思想政治教育前沿问题研究 [M].北京：人民出版社，2008.

[16] 邓纯东．意识形态工作思想研究 [M].北京：人民日报出版社，2019.

[17] 韩振峰．新时代思想政治教育理论与实践问题研究 [M].北京：社会科学文献出版社，2019.

[18] 娄淑华，等．现代思想政治教育方法论 [M].长春：吉林人民出版社，2007.

[19] 张耀灿，陈万柏．思想政治教育学原理 [M].北京：高等教育出版社，2001.

[20] 沈壮海，等．文化强国建设的中国逻辑 [M].北京：人民出版社，2017.

[21] 冯刚．改革开放以来高校思想政治教育发展史 [M].北京：人民出版社，2018.

[22] 李政道，杨振宁，等．科学之美 [M].北京：中国青年出版社，2002.

[23] 沈壮海．思想政治教育有效性研究 [M].3 版．武汉：武汉大学出版社，2016.

[24] 李伟.思想政治教育的现代化转型及其构建[M].北京:中国社会科学出版社，2018.

[25] 钟启东．思想政治教育理念创新逻辑论 [M].北京：人民出版社，2016.

[26] 吴家荣．美学与美育 [M].合肥：安徽大学出版社，2012.

[27] 董学文．马克思与美学问题 [M].北京：北京大学出版社，1983.

[28] 金炳华．马克思主义哲学大辞典 [M].上海：上海辞书出版社，2003.

[29] 吴潜涛，徐柏才，阎占定．高校思想政治教育的理论与实践 [M].北京：人民出版社，2012.

[30] 王柯平．艺术教育与文艺新说 [M].北京：北京大学出版社，2021.

[31] 全国新文科教育研究中心．新文科建设年度发展报告：2020 [M].济南：山东大学出版社，2021.

[32] 全国新文科教育研究中心．新文科建设年度发展报告：2021 [M].济南：山东大学出版社，2021.

[33] 翁铁慧.大中小学课程思政一体化建设: 整体构架与实践路径研究[M].北京:人民出版社，2020.

[34] 李向国．中国共产党意识形态观及时代价值研究 [M].北京：人民出版社，2019.

[35] 齐立石.大学生思想政治教育 [M].成都：电子科技大学出版社，2017.

[36] 许俊.中国人的根与魂：中华优秀传统文化通识 [M].北京：人民出版社，2016.

[37] 王婷.课程的变异研究：以德育课程变革为例 [M].北京：知识产权出版社，2015.

[38] 田海舰.培育和践行社会主义核心价值观多维研究 [M].北京：人民出版社，2015.

[39] 张红霞，吕林海，孙志凤.大学课程与教学：原理与问题 [M].北京：教育科学出版社，2015.

[40] 肖祥，等."中国梦"与大学生理想信念教育研究 [M].广州：暨南大学出版社，2017.

[41] 宋敏娟.当代大学生马克思主义信仰教育研究 [M].上海：复旦大学出版社，2018.

[42] 戴秀丽.生态价值观的演变与实践研究 [M].北京：中央编译出版社，2019.

[43] 张东良，周彦良.教育学原理 [M].北京：北京理工大学出版社，2017.

[44] 教育部高等学校教学指导委员会.普通高等学校本科专业类教学质量国家标准：上 [M].北京：高等教育出版社，2018.

[45] 教育部高等学校教学指导委员会.普通高等学校本科专业类教学质量国家标准：下 [M].北京：高等教育出版社，2018.

[46] 施良方.课程理论：课程的基础、原理与问题 [M].北京：教育科学出版社，1996.

[47] 朱飞.高校课程思政的价值澄明与进路选择 [J].思想理论教育，2019（8）：67–72.

[48] 许小军.高校课程思政的内涵与元素探讨 [J].江苏高教，2021（3）：101-104.

[49] 何玉海.关于"课程思政"的本质内涵与实现路径的探索 [J] 思想理论教育导刊，2019（10）：130–134.

[50] 巩茹敏，林铁松.课程思政：隐性思想政治教育的新形态 [J].教学与研究，

2019（6）：45–51.

[51] 伍醒，顾建民."课程思政"理念的历史逻辑、制度诉求与行动路向 [J]. 大学教育科学，2019（3）：54–60.

[52] 何红娟."思政课程"到"课程思政"发展的内在逻辑及建构策略 [J]. 思想政治教育研究，2017，33（5）：60–64.

[53] 高德毅，宗爱东. 从思政课程到课程思政：从战略高度构建高校思想政治教育课程体系 [J]. 中国高等教育，2017（1）：43–46.

[54] 余江涛，王文起，徐晏清. 专业教师实践"课程思政"的逻辑及其要领：以理工科课程为例 [J]. 学校党建与思想教育，2018（1）：64–66.

[55] 陈斌. 高校课程思政的生成逻辑与推进策略 [J]. 中国高等教育，2020：（13/14）：13–15.

[56] 罗仲尤，段丽，陈辉. 高校专业课教师推进课程思政的实践逻辑 [J]. 思想理论教育导刊，2019：（11）：138–143.

[57] 石书臣. 正确把握"课程思政"与思政课程的关系 [J]. 思想理论教育，2018（11）：57–61.

[58] 杜静. 思想政治教育载体特征与功能探究：评《思想政治教育载体论》[J]. 中国教育学刊，2019（2）：137.

[59] 李骏，党波涛. 公共艺术课程融入高校"大思政"教育创新体系研究 [J]. 中国高等教育，2018（1）：30–32.

[60] 李开玲，孙景曾. 大学美育课程论略论 [J]. 中国农业教育，2003：（1）：42–43，28.

[61] 刘献君. 大学课程建设的发展趋势 [J]. 高等教育研究，2014，35（2）：62–69.

[62] 张耀灿. 推进思想政治教育研究范式的人学转换 [J]. 思想教育研究，2010（7）：3–6.

[63] 陆道坤. 课程思政推行中若干核心问题及解决思路：基于专业课程思政的探讨 [J]. 思想理论教育，2018（3）：64–69.

[64] 董勇. 论从思政课程到课程思政的价值内涵 [J]. 思想政治教育研究，2018，

34（5）：90–92.

[65] 姜勇 . 论教师的课程意识及其唤醒 [J]. 教育理论与实践，2006（17）：47–
49.

[66] 邱伟光 . 课程思政的价值意蕴与生成路径 [J]. 思想理论教育，2017（7）：
10–14.

[67] 闵辉 . 课程思政与高校哲学社会科学育人功能 [J]. 思想理论教育，2017（7）：
21–25.

[68] 李茂森 . 论教师的课程意识及其分析框架 [J]. 宁波大学学报（教育科学版），
2008（2）：1–6.

[69] 刘清生 . 新时代高校教师"课程思政"能力的理性审视 [J]. 江苏高教，2018
（12）：91–93.

[70] 李凤 . 给课程树魂：高校课程思政建设的着力点 [J]. 中国大学教学，2018
（11）：43–46.

[71] 成桂英 . 推动"课程思政"教学改革的三个着力点 [J]. 思想理论教育导刊，
2018（9）：67–70.

[72] 刘建军 . 课程思政：内涵、特点与路径 [J]. 教育研究，2020，41（9）：28–
33.

[73] 万林艳，姚音竹 ."思政课程"与"课程思政"教学内容的同向同行 [J]. 中
国大学教学，2018（12）：52–55.

[74] 章忠民，李兰 . 从思政课程向课程思政拓展的内在意涵与实践路径 [J]. 思想
理论教育，2020（11）：62–67.

[75] 高国希 . 构建课程思政体系的教育哲学审视 [J]. 思想理论教育，2020（10）：
4–9.